U0673974

岭南文化读本

傅华 主编

岭南学术思想

LINGNAN XUESHU SIXIANG

◎陈椰 著

SPM 南方出版传媒 广东人民出版社

·广州·

图书在版编目（CIP）数据

岭南学术思想 / 陈椰著．—广州：广东人民出版社，2019.3
（岭南文化读本）
ISBN 978-7-218-13415-4

Ⅰ．①岭…　Ⅱ．①陈…　Ⅲ．①思想史—广东—干部教育—学习参考资料②文化史—广东—干部教育—学习参考资料　Ⅳ．①B2　②K296.5

中国版本图书馆 CIP 数据核字（2019）第 047713 号

LINGNAN XUESHU SIXIANG
岭南学术思想
陈　椰　著

出 版 人：肖风华

责任编辑：吴佳欢
装帧设计：书窗设计
责任技编：周　杰　吴彦斌

出版发行：广东人民出版社
地　　址：广州市大沙头四马路10号（邮政编码：510102）
电　　话：（020）83798714（总编室）
传　　真：（020）83780199
网　　址：http://www.gdpph.com
印　　刷：广州市人杰彩印厂
开　　本：787毫米 × 1092毫米　1/16
印　　张：15.5　　　　字　　数：145千
版　　次：2019年3月第1版　2019年3月第1次印刷
定　　价：63.00元

如发现印装质量问题，影响阅读，请与出版社（020-83795749）联系调换。
售书热线：（020）83780517

岭南文化读本

主　编：傅　华
副主编：王桂科

目录

CONTENTS

绪论

所谓“岭南”，原指以五岭——越城岭、都庞岭、萌渚岭、骑田岭、大庾岭为主的南岭山脉以南，包括今天的广东、广西、海南、香港、澳门等地在内的广大地区。这是一个地域意义上的概念，同时也是一个文化学意义上的概念，然而纵观文化史的脉络，岭南文化的产生和发展主要还是以广东为代表，例如唐代的惠能，明代的陈白沙、湛若水以及近代的康有为、梁启超、孙中山等广东先贤，都对整个中国文化思想史产生过革命性

唐代岭南道东部地图

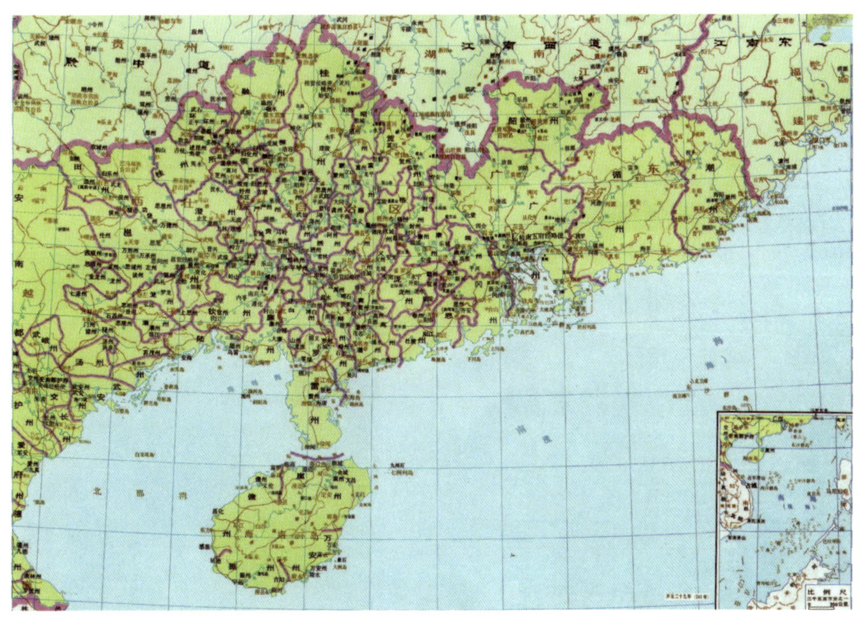

的影响。在这个意义上，我们这本小书主要聚焦在广东一隅的岭南学术思想。下面将简单介绍一下岭南学术思想所由之产生的历史背景及其基本特质。

一、岭南学术思想的历史背景

人作为文化的创造主体，是在一定的自然环境下生存发展的，并由此形成自身的生产生活方式，而在此基础上从事精神文化的创造活动。我们首先来关注岭南地区特定的自然环境以及人们由此而形成的生产生活方式。

（一）岭南的自然环境

岭南地区属热带、亚热带气候，日照时间长，气

宋代五岭图

温高，雨量充足，原始森林茂密，多毒蛇猛兽和“瘴疠病毒”。在生产力低下的古代，生存环境十分恶劣，淮南王刘安曾经谏汉武帝远征岭南时说：“南方暑湿，近夏瘴热，暴露水居，蝮蛇蠚生，疾疠多作，兵未血刃而病死者什二三。”（《汉书》）此外，由于地处我国南疆边陲，北隔五岭，南阻大海，横亘广东北部的五岭山地，在交通落后的古代，是一道难以跨越的巨大屏障，极大限制了岭南与中原地区的沟通。

在唐代以前，中原人对岭南不是知之甚少，就是充满奇幻瑰丽的想象，岭南或被视为“蛮荒”“徼外”之地，或被传闻为盛产奇珍异宝的异域。因此，古代的岭

晚清时期广州城珠江滩景图

南一直保持着一种与世隔绝的封闭状态。然而，也由于中古以前受北方的影响甚少，在另一方面又有利于其形成和发展出自己的本土文化，特别是有利于区域文化的积淀，形成区域文化主体。

（二）岭南的经济地理

岭南靠海，与南洋诸国隔海相望，是中国通往东南亚、澳洲、中近东和非洲等地区的最近出海口之一。汉代的岭南已是中国海上贸易的区域之一，唐代的广州是全国著名港口商埠，到了宋代与50多个国家有通商贸易往来，到元代拓展到与140多个国家进行贸易。海上贸易的发展，促进了物质生产的多元化、商品化，同时，伴随着各种海外文化不断向岭南输入，岭南成为中国文化对外交流的窗口。特别是到了近代，随着海洋成为中国对外开放的主要通道，岭南成为近代中国最先接受外来先进思想的地方，继而成为中国革命的策源地，一时间，各种思想潮流和运动在这里碰撞鼓荡。

（三）岭南的政治位置

远离中国帝制皇朝的政治中心，加上相对封闭的自然环境，使得岭南开发较迟，社会经济落后，被中原视为化外之地。政治地位的低下和文化人才的稀缺，使得岭南文化得以未被强大的中原儒学文化同化，也使得岭南人没有中原人那种优越感，更加容易受到外来文化的冲击并接受其影响。儒学人才的稀缺，从另一方面也使得岭南文化更加偏向于一种实用性，追求经世致用，而不专擅纯粹思辨的形而上学思考。在这种意义上，岭南文化能在对各种外来文化兼收并蓄的基础上，保持着一种反传统的特性，这也使得岭南能够拥有一种不断变革创新的文化特质。

此外，政治地理位置对岭南文化的影响还表现在大规模的移民上。在一些历史时期，北方战乱频仍，而岭南由于地处偏远，社会环境相对安定，因而常常成为北方人迁徙的理想场所。纵观中国历史，一共有四次大规模的人口南迁潮流：第一是秦汉时期，第二是两晋南北朝时期，第三是两宋时期，第四是明末时期。这四次人口迁移，除了秦汉时期移民是因为戍边的需要而有组织地输入外，其余三次均是因北方战乱迭起而引发的。大规模的人口南迁为中原文化和长江流域文化在岭南的传播作出了重要、最为直接的贡献，也帮助岭南地区生发出了自己的文化。

二、岭南学术思想的基本特征

岭南学术思想的基本特征，是一种成熟而稳定的文化精神、心理素质、行为依据以及情感认同的标尺，这些基本特征是经过历史长期陶冶和锻炼之后所形成的稳固的心态，它们不是会发生突变的精神意识倾向和心理状态。它们往往表现为人的价值观念、素质、思维以及创造力，是推动文化产生和发展的内在因素。岭南学术思想的基本特征突出表现为以下三个方面：第一，务实经世；第二，个体觉悟；第三，兼容开放。

（一）务实经世

在小农经济条件下，中国传统社会存在“重农抑商”“贵义贱利”的价值观念，而在阶层结构中有所谓“士农工商”的讲法，“商”显然在社会阶层中处于末端，好利、逐利的天性被认为会动摇稳固的家庭、社会结构，所以“商”尽管能够生产实利，却得不到正统公允的对待。然而，岭南文化在这一点上则与中原主流文化存在着明显的差异。我们如果从意识形态这一方面来讲，与权力中心的疏离、有别于传统的农业社会模式以及由来已久的海洋外贸经济形态，都有助于形成岭南人多元的价值取向与行为准则，其背后指向的是一种讲求经世致用的务实心态。“经世致用”不仅作为一种严正的学风得到倡导，更是岭南思想家们为人处世的观念准则。

比如唐代的张九龄，宋代的余靖、崔与之，明代的丘濬都身居君主所器重的要职，为社稷尽忠竭虑，究心礼乐刑政兵谷等实务，极早地洞察到社会政治危机，敢于直陈国家积弊，提出实在的防治措施去改善民生，更可贵的是始终如一地践履所思所学，在位则大展经邦济世之才，退居则勤于著述，阐发儒家“以民为本”的经世之学。清末的陈澧也是如此。与一般的经学家不一样，面对当时国族衰敝重重的现实，他并不满足于传统的学问，而是力图调和宋学与汉学之间的门派之争，不坚持无谓的门户之争，更重要的是他认为儒者不应该只是关注自己的道德修养，而应该向西方学习自然科学和技术，以及天文、数学、地理、律历、音乐等各种专门学科，然后传授给年轻学生们，寄希望于他们能够跟得上时代的步伐，改变国家积贫积弱的现状。

（二）个体觉悟

由于学术思想上长期自处边缘，岭南人的生活方式与行为模式受传统礼教的影响并不像中原地区那么大，在学术上缺乏前后相承的家学渊源与师徒授受，使得学者们不必恪守成说，更多的是返回内心去涵养精神，直抒胸臆地迸发思想的星火，从文化的边区反过头来燎燃文化中心地区。唐代的惠能以及明代的陈白沙，就是这样的“纵火者”。他们的横空出世其实都是对当时学术思想主流形态的一种挑战。一僧一儒，成佛与成圣的终极追求不同，但有一点是相同的，即认为生命独立精神的觉悟与解放、个体对内在力量的肯定与信任，比流传下来的理则与形式更加重要。

佛教从印度传入中国，流行于唐代贵族阶层，至少是知识精英才能从事的精神操练之学，比如唐玄奘西行去印度求法，他带回来的唯识学派需要极高的逻辑思辨素养，是非常高深晦涩的一门学问。惠能出身清贫，据说不识文字，只是在一个偶然的机缘下听到了别人诵《金刚经》而有所启悟，当五祖质疑他是岭南獦獠，不能作佛时，惠能的回答是："人即有南北，佛性即无南北，獦獠身与和尚不同，佛性有何差别？"（《坛经》）这回答打破了阶层、教育程度、地域等后天区分所带来的种种不平等，这些区分并不是一个人成佛的关键，关键在于每个人内心深处所潜藏着的佛性，这个佛性人所共有，一个人只要愿向佛、肯自修，那他心中的佛性自然而然就能够成就出来，一切外在的形式、教条都不是首要的。这对于当时的佛教来讲，无疑是惊天动地的革新。觉悟到成佛不是专属某个群体的"福利"，让佛法从上层贵族一下子推广到芸芸众生，并形成了一个最具中国特色的佛教新流派——禅宗。

明代的陈白沙也有类似的历程。当时官方的意识形态是程朱理学，它重视理则和礼仪对每个个体的道德塑造，强调天理在群体伦理生活中的重要性，然而，意识形态化而且科举化了的程朱理学已经成为禁锢人们思想的牢笼。陈白沙年轻时就立志认真学习儒家的圣贤学问，在屡次落第之后开始反省求学模式，他深知科举之学只是让人死读书，压制了每个个体精神生命本有的生机。陈白沙领悟到，只有本心的道德力量才能冲破理则樊笼的束缚，因此他采用了与程朱学派格物穷理完全不同的方法，即通过静坐来培养主体内在所具有的原动力，以此来实现自己的道德生命追求，这便把整个明代儒学带入了精微的新方向。

（三）兼容开放

兼容开放作为岭南学术思想的根本特性，为本土的开拓发展营造了一种多元汇通、气象雄健的动态氛围，在流变中促使自身不断扩展提升，但又不会被外来文化所淹没——无论是对内陆还是对外洋，岭南文化都以宽阔的胸怀拥抱各种各样的文化，始终浸润着一种世俗的宽容精神。正是这种特性，使岭南文化从历代南迁的移民身上不断地摄取文化养分，善于整合、权衡各种文化之间的优劣，比如继承了中原的儒家文化与楚地的道家文化，也兼容了外来的佛教文化，并使之本土化而旁逸出禅宗一脉，继而衍生出云门宗支脉。“兼收众长”促成了“益以创新”，让文化生态保持了一贯的生机活力。

区域开放性的地理环境，给它带来了频繁的商贸往来，在开放的空间下从事的商贸互易，破除了故步自封的传统桎梏，从而建立起开明的新意识，由此形成了通达的人文性格，其中既有人口流动的因素，亦有文化交汇的因素。“流变”主导着生存的氛围，也得以营造出一个宽松的人文环境，使岭南呈现出一种开放灵活的文化态势。佛教、伊斯兰教、基督教及西方科学知识最早都由南海传入，并向北方辐射。鸦片战争后，中西文化交流、碰撞更为普遍，郑观应、容闳、康有为、梁启超、孙中山等人放眼世界，致力于引进西方的社会、政治、经济学说，从而使岭南成为近代中国民族资本的摇篮、资产阶级维新思想的启蒙地，这大概就是“兼容开放”特质的最好注脚。

第一章 文明肇启：汉唐的岭南思想

唐故尚書右丞相贈荆
誌銘并序
太中大
學士東
公姓張氏諱九齡其先
此地 公誕受正性體

一直到战国时期，除了粤北若干部落归属楚国，岭南大部分区域散布着大小不一的氏族部落。在文献的记载里，此地巫教盛行，信鬼神占卜，土著断发文身，有猎头食人之俗，与礼乐彬彬的中原诸夏迥然不同。国家政治体制的正式确立，是从秦朝开始的。《史记·秦始皇本纪》记载："及至秦王，续六世之余烈，振长策而御宇内……南取百越之地，以为桂林、象郡，百越之君俯首系颈，委命下吏。"公元前214年，秦朝设立了桂林、象、南海三郡。南海郡治设于番禺。由此，岭南百越逐步从氏族部落融入到秦帝国的郡县编民。真正意义上的岭南文明史，发端于此。

秦亡汉兴，西汉兼并了南越国后，中央朝廷重新划分了郡县区域，一批有能力的守吏治理岭南，为南粤带来中原的移民、先进的制度、技术以及文明观念，改变了当地土著蒙昧野蛮的遗风。《后汉书·南蛮西南夷列传》称交趾下面虽设置郡县，但"言语各异"，需要翻译才能通晓。"人如禽兽，长幼无别。项髻徒跣，以布贯头而著之。后颇徙中国罪人，使杂居其间，乃稍知言语，渐见礼化。"东汉光武时期，锡光任交趾太守，任延任九真太守，"于是教其耕稼，制为冠履，初设媒娉，始知姻娶，建立学校，导之礼义"。《后汉书》高度推举锡光、任延对岭南的开化之功："岭南华风，始于二守焉。"在这些官师倡导的官学乡校之外，私学也随着东汉末年一批南下避乱的士人而悄悄兴起。北海郡人刘熙，往来南海、苍梧两地，教授生徒几百人；东吴骑都尉、治《易》名家虞翻被孙权流放到番禺，在虞苑（今广州光孝寺）讲学，跟随者也多达数百。接受了崇文重礼的儒教洗礼，岭南诞生出了最早一批知识精英，他们研习儒家经典，著书立说，培育人才，形成以苍梧广信为中心的名士集团，在早期岭南寂寥的思想夜空里显得格外耀眼。

第一节　礼义渐化，师儒传经

广信，位于今天广西梧州、贺州和广东封开一带，是两汉时岭南的学术中心，汇聚着很多治《春秋》的名家，著名的“三陈”——陈钦、陈元、陈坚祖孙三代正是这个学术圈的奠基人。

众所周知，汉武帝接受了大儒董仲舒的建议，“罢黜百家，独尊儒术”，从国家制度层面上确立儒家的独尊地位。另设有教授《诗》《书》《易》《礼》《春秋》这五部经典的“五经博士”，都城建立了太学，教授五经，郡县设有学校，专门配有经师。由于秦始皇“焚书坑儒”，儒家经典大多被烧，汉初人们没有书籍可读，只能凭儒者的回忆口述，用通行的隶书记录下来，这就是所谓的今文经。由于大师记忆不同，解说有区别，在今文经学派内部逐渐形成了一些派别。如《诗经》有齐、鲁、韩三家，《尚书》有欧阳和大小夏侯，《礼》有戴德、戴圣叔侄，《易》有施雠、孟喜、梁丘贺、京房，《春秋》有公羊、谷梁。这些今文经师注重师承，严守家法，重在探索经籍中圣人的“微言大义”，为官方的统治提供政治哲学、神学的理论支撑。

与今文经相对的是古文经。秦始皇焚书时，有的人冒着杀头的危险，把一些经典埋藏了起来。西汉前期，孔子旧宅及其他各地相继发现了一些用战国文字“籀书”（大篆）写的古经。汉武帝时建立了国家图书馆，广泛收集民间私藏古书。成帝时设官负责收集、整理古书，光禄大夫刘向担任此职，他的儿子刘歆帮助校理。在校书的过程中，刘歆发现一部用古代文字书写的《春秋左氏传》，便向朝廷建议将其也立于学官，设置博士，由此引发了今文经学派的攻讦，这就是持续几百年的“今古文之争”的发端。可以说，整个汉代古文经学派在政治上是不得势的，他们更多是在民间传承，注重章句训诂，从历史学、语言学的进路来解释经典。“三陈”所传的，正是古文经学。

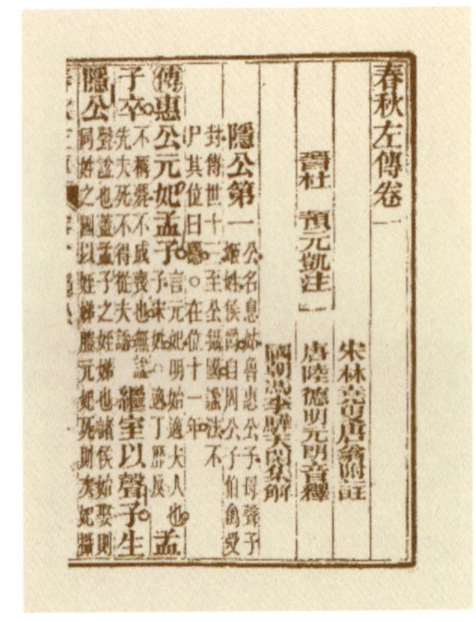

《春秋左传》书影

西汉末年，已经立于学官的《春秋公羊传》《谷梁春秋》，文字呆板，思想内容贫乏，逐渐受到冷落。此时，与刘歆同属一个师祖的陈钦传承《左氏春秋》一系

（但他自名其传承的是《陈氏春秋》），他臣事王莽六年，王莽也习《左氏春秋》。由此，陈钦成为岭南儒家经学的开山祖。

陈钦的儿子陈元“少传父业，为之训诂，锐精覃思，至不与乡里通”。公元28年，陈元上《请立〈左传〉疏》，与今文经师激辩，迫使光武帝立《左氏春秋》学官，陈元也被任命为“左氏春秋”博士。这是两汉立《左氏春秋》学官三次大争论中的第二次，参与其中的陈元、桓谭、杜林、郑兴等成为古文学者的标杆人物，“俱为学者所宗”。《左氏春秋》立于学官，得到国家的承认，是学术思想史上的一大事件，奠定了往后一千多年来的古文经学格局。后来陈元因病辞官，讲学于乡野，著有《左氏同异》《司徒椽陈元集》（均已佚）。他的儿子陈坚继承家学，居家不仕，授徒传经。值得注意的是，《春秋》讲求大一统、夷夏之辨、君臣大义，这些儒家正统观念对于边陲蛮夷之地有着特殊的教化意义。

《广东新语》书影

明清之际的名士屈大均在《广东新语》里盛赞陈元父子，呼吁人们世世代代记住他们作为吾粤人文开宗的功绩：

> 嗟夫！《春秋》者，圣人心志之所存。其微言奥指，通之者自（左）丘明、公（羊赤）、谷

（梁）而外，鲜有其人。粤处炎荒，去古帝王都会最远，固声教所不能先及者也。乃其士君子向学之初，即知诵法孔子，服习《春秋》，始则高固发其源，继则（陈）元父子疏其委。其家法教授，流风余泽之所遗，犹能使乡闾后进，若王范、黄恭诸人，笃好著书，属辞比事，多以《春秋》为名。此其继往开来之功，诚吾粤人文之大宗，所宜俎豆之勿衰者也。

继“三陈”之后，东汉末年的士燮（137—226），也是一位苍梧广信籍的传经儒师。他曾游学京师，受业于名儒刘陶，在汉献帝建安初年（196年）出任交趾太守。史书说他“体器宽厚，谦虚下士，中国士人往依避难者以百数”。他在官事之余，则“玩习书传，《春秋左氏传》尤简练精微”，所注《春秋经注》，一脱汉人繁琐缠绕的注经陋习，颇受北方名儒袁徽称道。士燮的弟弟士壹、士䵋、士武分别任合浦、九真、南海太守，皆学有所成，兄弟四人合称“四士”。“三陈”“四士”之后，名士迭出。番禺有董正，十五岁就通《毛诗》、三礼、《春秋》三传，闻名于官府。南海人黄豪，十六岁通《论语》《毛诗》，后来也在广信设帐授徒。南海王范，四处搜罗典故，写就《交广春秋》，后来又有黄恭在此基础上续成《王氏交广春

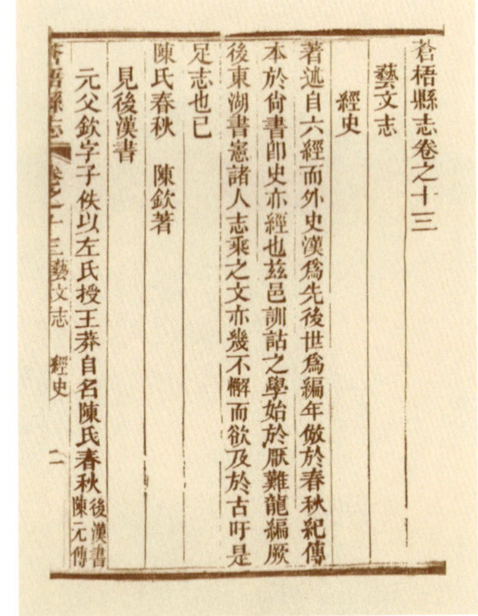

蒼梧縣志卷之十三

藝文志

經史

著述自六經而外史漢爲先後世爲編年倣於春秋紀傳本於尙書卽史亦經也茲邑訓詁之學始於厯難龍編厥後東湖書塞諸人志乘之文亦幾不懈而欲及於古吁是足志也已

陳氏春秋　陳欽著

見後漢書

元父欽字子佚以左氏授王莽自名陳氏春秋後漢書陳元傳

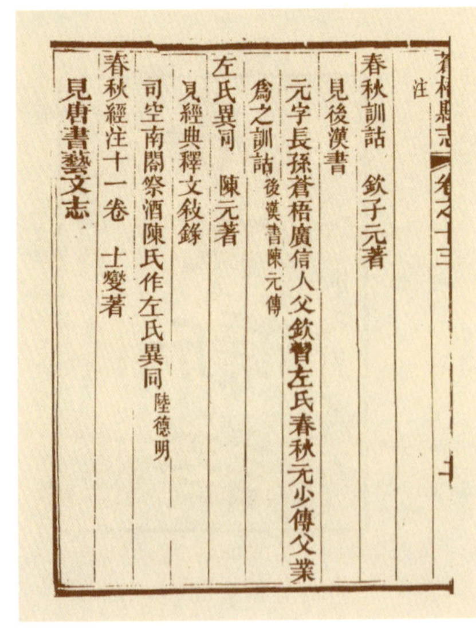

注

春秋訓詁　欽子元著

見後漢書

元字長孫蒼梧廣信人父欽習左氏春秋元少傳父業爲之訓詁後漢書陳元傳

左氏異同　陳元著

見經典釋文敘錄

司空南閣祭酒陳氏作左氏異同陸德明

春秋經注十一卷　士燮著

見唐書藝文志

《苍梧县志》中著录的“三陈”著述

秋补遗》。总之，学者群体的壮大，正说明当时岭南在文化上已经不再是孤岛，且初步并入到中国儒学思想的大版图中。

第二节　斯文振起：张九龄、韩愈对岭南儒化的功绩

经过魏晋南北朝的长期分裂，到了隋唐时期，国家又恢复了大一统，重新确立以儒治国的方针，中央王朝对岭南的控制与儒学的深化同步进行。唐太宗贞观年间（627—649），孔颖达兼采古文经、今文经，纂修《五经正义》，统一了经学内部各派纷争，为士子立身处世提供了标准的经典依据，对国家的统治给予思想论证。清儒皮锡瑞的《经学历史》说：

> 自《正义》、《定本》颁之国胄，用以取士，天下奉为圭臬。唐至宋初数百年，士子皆谨守官书，莫敢异议矣。故论经学，为统一最久时代。

科举制度的创立推行，改变了门阀制度下的人才垄断局面，使得岭南的士子拥有了从边陲走向中央政治舞台的机会。从韶关走出的宰相张九龄，南下谪宦的韩

愈，都是这时期推动本土儒化的名贤，正是他们使岭南进一步融入到国家的历史文明进程中。

一、张九龄：开元贤相，岭表风度

江南作相何人始，岭表孤忠独我公，岂特魏房姚宋上，直追天宝卷阿中。

——苏轼《读张文献公祠金鉴录有感》

岭海千年第一人，一时功业迥无伦。江南入相从公始，衮衮诸贤继后尘。

——丘濬《寄题张丞相祠》

张九龄铜像，藏于广东省博物馆

北宋文豪苏轼与明代学者丘濬这两首诗，都在缅怀开创了南方人担任宰相新纪元的“千年第一人”，此人是唐代名相张九龄（678—740）。九龄字子寿，一名博物，谥号文献，韶州曲江（今韶关市）人，世称“张曲江”或“张文献公”。二十九岁考取了进士，在朝为官三十余年，先后担任中书舍人、工部侍郎兼知制诰，任唐玄宗的高级秘书就长达五年。此后，他又担任了中书侍郎、同中书门下平章事兼修国史和中书令五年多，因为政干练、善于鉴识人才而得到玄宗的器重，是“开元盛世”的最后一位贤相，亦是名扬天下的“文场元帅”，特别是他的五言古诗，诗风清淡素练，一扫唐初所沿袭的六朝绮靡诗风。他的著述，被后人辑为《曲江集》。

张九龄举止优雅，风度不凡，深为时人所敬仰，王维、杜甫都作有颂美他的诗篇。他去世后，唐玄宗对宰相推荐之士，总要问：“风度得如九龄否？”又据《开元天宝遗事·七宝山座》记载，玄宗在勤政楼用七宝装成七尺高的山座，召请众学士讲议经旨时务，胜者才能坐上去。“惟张九龄论辩风生，升此座，余人不可阶也。”可见他是学冠群儒的经学大师。清代史家赵翼称许他能“考古义以断时政，务有用之学，而非徒以炫博也”（《廿二史札记》卷二十）。就是说他能把经学的精神灵活运用到时政实务里，下面我们就从他所写的奏疏状表等公文来了解他的政治思想。

张九龄推崇汉儒董仲舒，也沿袭汉代今文经学，

张九龄墓，位于韶关武江区西河镇

笃信“天人感应”说，即认为自然界与人类世界的秩序都是天有意志、有目的的创造，天随时关注人的道德与行为，通过下降灾祥祸福来赏善罚恶。这一套神学宇宙论也推衍出“君权神授”，认为人君圣主是上天的代理人，有权力更有责任去管理好天下百姓。张九龄称：“天者，百神之君，王者，受命之极。”（《请行郊礼疏》，《曲江集》卷十）又称：“启圣者天也，宜有以觉悟；受命者圣也，必有以明征。故神不言而可知，时将至而先兆。”（《圣应图赞并序》，《曲江集》卷一）总之，自然界的风雨雪晴、珍禽异兽的现世乃至于人类社会的治乱兴衰都与人君圣德的感召息息相关。比如在《贺雨状》中他说：“伏以自春降泽，粟麦已滋，首夏再旬，时雨稍晚。陛下念深万姓，恩覃庶狱，将有事山川，用达精意，德音才发，甘霔滂流。此诚圣感必通，天应如答。”

当然，他探讨灾异产生的目的不是宣扬灾异的神奇，更多是强调在位者通过仁民德政来消弭人间灾难。《贺祈雨有应状》《贺太阳不亏状》《贺雨晴状》这些奏状，无一不是劝勉君主以德治去弱化天命对人事的影响，上天甚至会用灾异来警诫在位者，用人必须要选贤任能，否则必遭天谴。他的《上封事书》说：

臣闻乖政之气，发为水旱。天道虽远，其应甚

欽定四庫全書 曲江集 卷一 九

聖應圖贊并序

臣聞啓聖者天也宜有以覺悟受命者聖也必有以明徵故神不言而可知時將至而先兆當陛下龍潛上黨也或託類於雲物或致靈於卜筮天之意者丁寧垂象唯恐後時又以潞水之泓深山鹿之捷走馳騎是獲厲流不濡非力所能以明或躍乾之上體時在九四神道幽賛聖期密通自後而占何著明其若此蓋天福海内地降聖跡以瑞非常之后以決如神之策至于再三明

《曲江集》书影

速。昔者东海杀孝妇，旱者久之，一吏不明，匹妇非命，则天为之旱，以昭其冤。况今六合之间，元元之众，莫不悬命于县令，宅生于刺史，陛下所与共理，此尤亲于人者也，多非其任，徒有其名，致旱之由，岂惟孝妇一事而已！是以亲人之任，宜得其贤，用才之道，宜重其选。（《曲江集》卷十）

在这里，张九龄指出天旱成灾是小吏冤杀孝妇的报应，但向上追责是刺史、县令的过失，提醒玄宗要敬畏天意，谨慎任用地方官员。

张九龄最具远见卓识的，就是早在安禄山还是范阳驻军的小偏校时就洞察到他的野心，反复奏请唐玄宗趁早除掉安氏："禄山狼子野心，面有逆相，臣请因罪戮之，冀绝后患。"他将此举类比于天道阴阳来加强说服力：

夫阳者发生之道，阴者肃杀之义。必肃杀而后能发生者，势也。苟秋肃不行，必为姑息之患。欲发生而必须肃杀者，时也……是以率直犯颜，望行天怒，深听守珪之奏，立斩禄山之叛。（《请诛安禄山疏》，《曲江集》卷十）

尽管最终未能阻止"安史之乱"的发生，但他这种天人感应观中蕴含的政治洞见无疑是深刻的，因其最终指向的还是现实中的国家治理问题，故在重申儒家仁政德治的理念的同时，能够务实地去兼容各家学说，达致太平盛世。比如强调君主要“以大道为原，以至仁为根”，“王者务德……务德者昌，务广地者亡”，“官爵者，天下公器也。德望为先，勋旧次之”，在这些儒家永恒不变的道德原则上，去兼容法家的措施，“用商君耕战之图，修充国羌胡之具”，去并包佛道二教，“至德法天，平分儒术，道已广其宗，僧又不违其愿。三教并列，百姓知归”（《贺御注金刚经状》，《曲江集》卷九）。

怀着“至德法天”的信念，张九龄刚直不阿，忠诚谋国，常常不避利害而勇陈先见之明。开元二十四年（736年）八月玄宗诞辰，群臣皆献宝镜，张九龄却将前朝兴衰原委撰成《千秋金镜录》五卷奉上，希望皇上以史为鉴。他说：“臣愚以谓明镜所以鉴形者也，有妍蚩则见之于外，往事所以鉴心者也，有善恶则省之于内。故黄帝镜铭云‘以镜自照见形容，以人自照见吉凶’。又古人云‘前事之不远，后事之元龟’。元龟，亦犹镜也。”（《曲江集》卷八）此书以朴素的语言，讲寻常的道理，将借古鉴今的历史教训娓娓道来，尽显政治家的眼光和风骨。

就在同一年，玄宗听信谗言，欲废太子李瑛。张九龄当即冒死谏争，列举了历史上因君王动摇国本而引起的各种祸害，进而明确表态，拒绝执行："陛下必欲为之，臣不敢奉诏。臣忝居相职，陛下之事，臣事也。臣敢不尽心言之？"（《谏废三子》，《曲江集》卷十）从其状表的口吻声气中，我们足可想见其人。这种敢触逆鳞、义无反顾的忠直操守，在那个时代显得尤为可贵。清人赵翼曾指出唐代流行贪图个人富贵而不顾国家存亡的风气："自六朝以来，君臣之大义不明，其视贪生利己、背国亡君已为常事。有唐虽统一区宇已百

梅岭古道

余年，而见闻习尚，犹未尽改。”（《廿二史札记》卷二十“六等定罪三日除服之论”条）张九龄在开元二十五年（737年）遭罢免，时人认为这是盛唐治乱的分水岭，造就了李林甫、杨国忠之流当权，继而士风浇薄、战乱不休。回到这个历史语境，我们更能体会张九龄“苟效用之得所，虽杀身而何忘！”（《白羽扇赋并序》）的精神分量了。

当然，《曲江集》中也有为数不少歌功颂德的贺状和附会“祥瑞”的表文，但背后多少都寄予了张九龄对礼乐建制的思考与努力，也映射出儒家经学一统时代的特色，丝毫不会掩盖张九龄谔谔直道的品格。后代史家对他总不吝赞词，司马光《资治通鉴》对玄宗时期各个宰相综合简评时，称许九龄“尚直”，明清之际的大思想家王夫之在《读通鉴论》中说九龄“生于教衰行薄之日”，但能“清节不染于浊流，高蹈不伤于钳网”，堪称“一代泰山乔岳之风标”。

开元四年（716年）张九龄奉命在家乡开凿连接南北的交通要道——大庾岭路，这条路的开凿也拓宽了岭南通达文明开化之路，“兹路既开，然后五岭以南之人才出矣，财货通矣，中朝之声教日逮矣，遐陬之风俗日变矣。公之功于是为大”（《唐丞相张文献公开凿大庾岭碑阴记》）。直至今日，宽1丈、长30华里的大庾岭古道仍是目前全国保存最完好的古驿道之一，高高矗立的梅关，丛丛绽放的梅花，一如张九龄的风度英姿。

二、韩愈：赢得江山都姓韩

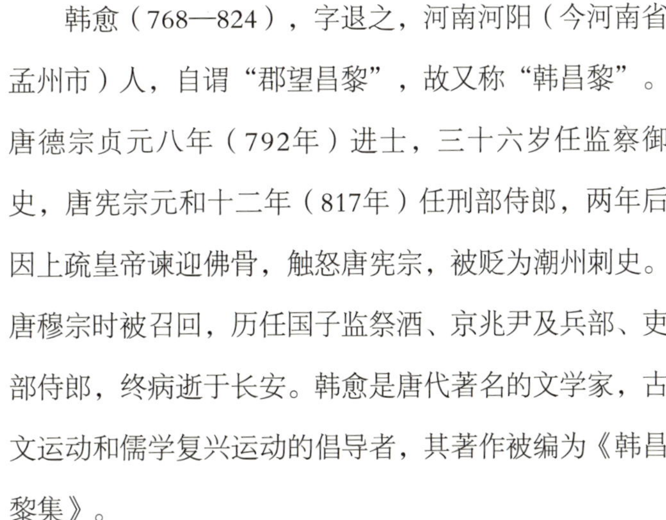

韩愈（768—824），字退之，河南河阳（今河南省孟州市）人，自谓“郡望昌黎”，故又称“韩昌黎”。唐德宗贞元八年（792年）进士，三十六岁任监察御史，唐宪宗元和十二年（817年）任刑部侍郎，两年后因上疏皇帝谏迎佛骨，触怒唐宪宗，被贬为潮州刺史。唐穆宗时被召回，历任国子监祭酒、京兆尹及兵部、吏部侍郎，终病逝于长安。韩愈是唐代著名的文学家，古文运动和儒学复兴运动的倡导者，其著作被编为《韩昌黎集》。

韩愈画像

韩愈以重振儒家道统为己任，认为要重振李唐王朝必须复兴儒学，确立儒家思想在社会生活中的主导地位。他生活的那个时代佛教昌盛，为对抗佛教的法统论，他构建了一个儒家的道统传授系统。他在《原道》中称：

> 斯吾所谓道也，非向所谓老与佛之道也。尧以是传之舜，舜以是传之禹，禹以是传之汤，汤以是传之文、武、周公，文、武、周公传之孔子，孔子

传之孟轲，轲之死，不得其传焉。

他首先确认了儒家先王之道从尧开其端，在时间上比释迦牟尼创世的佛教法统更加久远。其次，他强调了儒家道统植根于华夏本土，比自西夷传入的佛教更具正统性。再次，他认为儒家道统经过历代圣贤相传，已浸润到社会各个领域，比佛教更具有权威性。然而，在他看来，这个“道统”在孟子以后就不得其传了，以至于佛、老思想趁机泛滥而蛊惑了人心。韩愈以儒家正统的继承者自居，并说：“天不欲使兹人有知乎，则吾之命不可期；如使兹人有知乎，非我其谁哉？”体现出其在儒家文化传承上的强烈担当意识。韩愈念兹在兹的

民国时期的潮州韩文公祠

“道”，即是儒家所倡导的仁义道德，具体说来：

> 其文：《诗》、《书》、《易》、《春秋》；其法：礼、乐、刑、政；其民：士、农、工、贾；其位：君臣、父子、师友、宾主、昆弟、夫妇；其服：麻、丝；其居，宫室；其食，粟米、蔬果、鱼肉。其为道易明，而其为教易行也。……曰：斯道也，何道也？曰：斯吾所谓道也，非向所谓老与佛之道也。（《原道》，《韩昌黎集》卷十一）

在道统论基础上，他进而提出唯有通过作君作师的“圣人”依靠道德理想转化、提升现实政治，人类文明才能延续发展。可惜，现实中他并没有遇到这样一个作君作师的圣人，在仕途上时受排挤，最严重的打击就是贬斥到岭南做官。

韩愈一生三次南下广东。第一次是十岁时跟随贬任韶州刺史的兄长韩会定居在韶州，大概有两年时间。第二次是他三十六岁时，也即唐德宗贞元十九年（803年），上奏章触犯权臣而遭诬陷，被贬为连州阳山（今广东清远市阳山县）令。任职阳山一载，留有惠政，“有爱在民，民生子，多以其姓字之”。与思想史相关的事件还有两个，其一，与过往于阳山的和尚释景常、释元惠、灵师交了朋友，分别留有赠诗。《送惠师》一诗就表达了对僧人脱俗淳朴的个性的欣赏："惠师浮屠者，乃是不羁人。十五爱山水，超然谢朋亲。"但同时也申明了自己与佛教异趣的儒者立场："吾非西方教，怜子狂且醇。吾嫉惰游者，怜子愚且谆。去矣各异趣，何为浪沾巾。"（《韩昌黎集》卷二）而《送灵师》诗一开头就指斥佛教给国计民生带来了破坏："佛法入中国，尔来六百年。齐民逃赋役，高士著幽禅。官吏不之制，纷纷听其然。耕桑日失隶，朝署时遗贤。"（《韩昌黎集》卷二）其二，韩愈吸引了一批慕名求教的年轻后进，如区册、刘师亮、窦存亮等，韩愈对他们或激励，或资助，或奖掖，促进了儒学在当地的传播。

韩愈第三次下岭南已经五十二岁，此次被贬潮州任职虽然只有短短八个月，却为他赢得身后盛名。"一封

潮州韩文公祠内景

民国时期潮州韩文公祠的韩愈塑像

朝奏九重天，夕贬潮阳路八千，欲为圣明除弊事，肯将衰朽惜残年。”（《左迁至蓝关示侄孙湘》）本着救世情怀，韩愈在短短八个月的任期里，复乡校，施教化，重农桑，释放奴婢，修堤凿渠，祭大湖神，驱除鳄鱼，积极改善潮州的社会治理及教育事业。

他在《潮州请置乡校牒》中指出，国家的治理必须“以德礼为先而辅以政刑”，而要推行儒家的德礼教化，“未有不由学校师弟子者”，如果“忠孝之行不劝，亦县之耻也”，所以他把坚持兴学育才作为德礼治民的根本措施。为了办好学校，韩愈花了不少心血，他捐出俸禄办州学，“刺史出己俸百千，以为举本，收其赢余，以给学生厨馔”，还有就是起用当地名士赵德。韩愈发现赵德“沉雅专静，颇通经，有文章。能知先王之道，论说且排异端而宗孔氏”，于是毅然推荐他“摄海阳县尉，为衙推官，专勾当州学，以督生徒，兴恺悌之风”。这一举措让后来的大文豪苏轼感喟不已，他在《潮州韩文公庙碑》中称赞：“始潮人未知学，公命进士赵德为之师，自是潮之士皆笃于文行，延及齐民，至于今，号称易治。”

韩愈在潮州还举行了几次祭典，对象包括了城隍神、大湖神、界石神，甚至是鳄鱼，留有六篇祭祀文，反复宣扬了天人交感、万物有灵的天道观以及儒家仁民爱物的宏愿。如为祈求止雨而撰的《祭大湖神文》

写道：

> 维年月日，潮州刺史韩愈，谨以清酌腶脩之奠，祈于大湖神之灵曰：稻既穟矣而雨，不得熟以获也；蚕起且眠矣而雨，不得老以簇也。岁且尽矣，稻不可以复种，而蚕不可以复育也。农夫桑妇，将无以应赋税、继衣食也。非神之不爱人，刺史失所职也。百姓何罪？使至极也。神聪明而端一，听不可滥以惑也。刺史不仁，可坐以罪。惟彼无辜，惠以福也。（《韩昌黎集》卷二十二）

这类祭文都在恳切祈求神明要公正视听，降福于民，许愿以己身去承担上天对百姓的责罚，展露了一个儒者的仁心衷情。当然，祭文也蕴含有宣示国家权威，儆告地方恶吏刁民的教化意味，《祭鳄鱼文》就是一个例子。

据说，潮州民众长年苦于鳄鱼为患，韩愈遣人前往溪边祭祀，写了《祭鳄鱼文》，文称：

> 鳄鱼其不可与刺史杂处此土也。刺史受天子命，守此土，治此民，而鳄鱼睅然不安溪潭，据处食民畜、熊、豕、鹿、獐，以肥其身，以种其子孙；与刺史亢拒，争为长雄；刺史虽驽弱，亦安肯

为鳄鱼低首下心，伈伈睍睍，为民吏羞，以偷活于此邪！

这篇文章虽将鳄鱼视为通人情的灵物，但与其说是祭文，不如说是檄文，再三表达了韩愈守土护民的决心，文末还对鳄鱼下通牒，要求七日内若不离开就要痛下杀手：

今与鳄鱼约：尽三日，其率丑类南徙于海，以避天子之命吏；三日不能，至五日；五日不能，至七日；七日不能，是终不肯徙也。是不有刺史、听从其言也；不然，则是鳄鱼冥顽不灵，刺史虽有言，不闻不知也。夫傲天子之命吏，不听其言，不徙以避之，与冥顽不灵而为民物害者，皆可杀。（《韩昌黎集》卷三十六）

这"最后通牒"一下，据《旧唐书·韩愈传》中说，鳄鱼落荒而逃："咒之夕，有暴风雨起于湫中。数日，湫水尽涸，徙于旧湫西六十里。自是潮人无鳄患。"

德先刑辅、养士治民的理念及作为，加上天、人、万物交感互应的泛神论，让韩愈在入宋之后赢得广泛尊崇，历代仕潮官师纷纷以建庙、作文的方式颂扬乃至于神化韩愈在潮的功绩。其背后隐含的国家政教意义影响深远：兴学在于贯彻儒家正统文化和尊王攘夷的大一统理念；驱鳄鱼、祭湖神，为此后出任本地的官师树立了必须尊重士人、关心民生、为民除害的楷模，同时这也是在告诉那些敢于抗拒王化者，抗拒必没有好下场。

蛮烟瘴地，终于山水有情。“不虚南谪八千里，赢得江山都姓韩。”尽管韩愈对岭南印象不佳，任职不长，但不妨世代潮州人把恶溪改名为韩江，把笔架山尊称为韩山，祠火遍乡野。

值得一提的是，韩愈与潮阳高僧大颠有过匪浅的交谊，这为儒佛交流史添加了精彩的一笔。大颠和尚（732—824）承传六祖惠能南禅宗风，于贞元七年（791年）在潮阳塔口山麓幽岭下创建灵山寺，弘扬禅

潮阳灵山寺大颠塔

法，弟子千余人。因排佛遭贬的韩愈，到任潮州后却听说大颠之名，遂致书邀大颠往潮州相晤。两人的信仰虽不同，却交谈甚欢。“非崇信其法，求福田利益”的韩愈赏识大颠“颇聪明、识道理”，更钦佩大颠“实能外形骸以理自胜，不为事物侵乱”，“胸中无滞碍”。元和十四年（819年）韩愈调任袁州，临行前还专程到灵山寺与大颠告别，年迈的大颠亲送至山门，依依惜别之际韩愈脱下官服相赠，遂有留衣之佳话，后世在赠衣处建“留衣亭”纪念。

潮阳灵山寺外的留衣亭，相传韩愈离任时，在这里将官服赠予大颠和尚

韩愈、大颠在潮州的这段交谊还被僧徒编录成禅宗公案，演绎成一个打机锋的话头。《五灯会元》记载了这段交谊，以下是其梗概：

> 韩愈有一天相访，问大颠："春秋多少？"大颠只提起佛珠，问："领会了吗？"韩愈答曰："没有领会。"大颠说："昼夜一百八。"韩愈不明白，只好告归。翌日再来，在门口遇到首座和尚，便将昨天的问题向他提问，首座只叩了三下牙齿。等见到大颠，韩愈再问，大颠也叩齿三下。韩愈说："原来佛法是没有两样的。"大颠问："是何道理？"韩愈答："因为刚才首座也是这样叩齿回应。"大颠把首座召来，问："你刚才是这样回应的吗？"首座说："是。"大颠便将他赶出寺院。

禅宗机锋讲求不立文字，直指人心，用的方法经常是答非所问，或者干脆用动作比如棒喝、竖拂子、吐舌甚至斩猫，最终目的无非是以消解语言文字的功能去破除内心种种观念障碍，悟到那超越一切语言、观念的真理。这个故事里韩愈问大颠年纪多大，后者举佛珠说的昼夜一百八，以及翌日的叩齿，都是禅宗启悟人的惯用手法，随人自参。但同样是叩齿，大颠与首座和尚境界有差别。首座不回答还好，一回答“是”就破坏了禅机，暴露了他修为不够，这才要被逐出寺院。

有意思的是，历代儒者如欧阳修、周敦颐、苏轼、朱熹都很在意这段儒僧交谊，他们或考订史料记载的真伪，或批评韩愈离经叛道，或为韩愈辩护开脱。但毋庸置疑，这段交谊不正表明了岭南文化土壤的开放包容吗？国学大师饶宗颐先生曾说，潮州文化源头存在着一种儒佛交辉的态势。从整个岭南文化源流来看，此态势一直存在并延续着。

第三节　佛教西来，汉化初地

公元前6世纪，佛教在古印度由佛陀释迦牟尼创立之后，经过几百年的发展传播，大约在公元1世纪，陆陆续续由西域传入中国，从西南边疆和南海也有零星的传入。早在西汉时中国已经和南海、东南各国有商业通航，古印度的黄支国从汉武帝以来曾觐见献礼，因此岭南早期佛教的信仰经由海上传入。汉代的交州，包括了广东、广西、越南北部一带，是南海的门户，最早接触到佛教，还诞生了第一部用汉文阐述佛理的著述——《牟子理惑论》。近代学术大家汤用彤认为，交州在后汉末期已经是佛教区域，佛教先从海道来，由交州、广州到长江流域等东南海滨，先流行于南方。

东吴孙皓时期，外国僧人强梁娄至（汉名“真喜”）在广州翻译出《十二游经》。西晋武帝时，梵僧迦摩罗从西天竺抵广州，在城内建成广州最早的两个佛寺——三归寺和王仁寺。东晋安帝时，又有罽宾（今克什米尔）高僧昙摩耶舍（汉名“法明”）到广州白沙寺宣讲佛法，授徒85人，并在广州翻译出《差摩经》一卷，还将虞翻古宅虞苑改建为王园寺。

进入南朝，很多天竺高僧如求那跋摩、求那跋多罗、智药禅师都在广州登陆，译经传法，北上扬名，被帝王、名士所拥戴。其中就包括大名鼎鼎的菩提达摩，在梁武帝普通七年（526年），历经三年的海上泛舶而抵广州，创西来庵（今华林寺），又被梁武帝迎请到金陵宣讲佛法，但因话不投机，便转至嵩山少林寺，“面壁而坐，终日默然，人莫之测，谓之壁观婆罗门”。达摩后来被追尊为中国禅宗初祖，于是他在广州的登陆，在禅宗史上也具有了别开生面的意义。达摩之后，西天竺的拘那罗陀（汉名“真谛”）携带两万多卷梵文经书抵达广州，在制旨、王园这两个寺院译述讲学二十三年，译出经文80部，共324卷，成为与鸠摩罗什、玄奘齐名的中国佛教三大翻译家。汤用彤说：“自宋世以来，广州常有出经者。可见南朝佛典多来自海上，因而每与南方佛学发生因缘也（宋世之竺法眷，齐之昙摩伽

达摩渡江图

陀耶舍、摩诃乘、僧伽跋陀罗，均在广州译经）。”（《汉魏两晋南北朝佛教史》）总之，六朝时岭南中心地区佛教已经大盛，为入唐之后新州人惠能创立禅宗顿门奠定了深厚的信仰根基。

岭南见证了佛教中国化的历程。从东汉牟子到唐代惠能，历经五百年华风汉日的洗礼，印度佛教终于完成了其向中国佛教的成功转型。

一、《牟子理惑论》：中国第一部佛学论著

牟子的来历，众说纷纭。梁朝僧祐《弘明集》卷一收入《牟子理惑论》（以下简称为《理惑论》）时标注作者为汉牟融，题下另有小注：“一云苍梧太守牟子博传。”据《理惑论》序言所说：

> 先是时，牟子将母避世交趾，年二十六归苍梧娶妻。太守闻其守学，谒请署吏。时年方盛，志精于学。又见世乱，无仕宦意，竟遂不就。……于是锐志于佛道，兼研《老子》五千文。含玄妙为酒浆，玩五经为琴簧。

由此我们大概可知，牟子生于东汉末年，原籍是

苍梧，精通儒家经典，博览诸子百家，为避开社会动乱来到交趾。他无意于仕途，志在钻研学问，潜心研究佛教和《老子》。因他是信奉佛教的居士，遭到世俗的非难，于是写下了《理惑论》，采用自设宾主、一问一答的形式，所假设的“问者”是位北方的儒者，“答者”是作者自己，其根据对方提的问题引经据典地予以回答，宣扬佛理。我们也可推想，当时的交趾、苍梧确曾汇聚了一批中原南下的学者，围绕佛教进行过激烈的争论，最终催生出了这部中国最早的佛学论著。

在一开始，士大夫及民众所理解的佛教并不完整、准确，粗浅地将佛教视为神仙方术一类，稍深入的则只能用中国传统的道家术语来翻译、比附佛理，这种义理诠释的方法就叫做“格义”。《理惑论》基本上也是用道家思想去诠释佛教的。比如称“佛法”是“道”：“道之言，导也。导人致于无为，牵之无前，引之无后，举之无上，抑之无下，视之无形，听之无声，四表为大，蜿蜒其外，毫厘为细，间关其内。”看起来与老子那无所不包、玄之又玄的“道”（宇宙实体）没有太大差别。又比如把“涅槃”解释为“无为”，老子的“无为”指的是主观上不妄为、不干涉，强调顺应自然，但佛教的“涅槃”则是要彻底否定对外相、内心的执着，在境界追求上显然比道家更加虚空。再比如牟子形容佛能“恍惚变化，分身散体，或存或亡，能小能

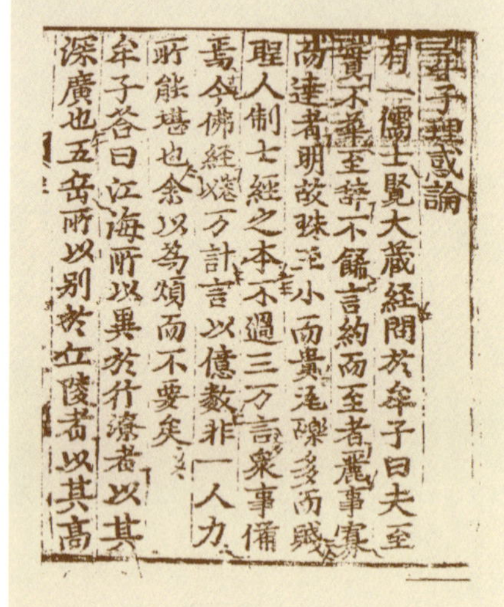
牟子理惑論
有一儒士覽大藏經問於牟子曰夫至
實不華至辭不飾言約而至者麗事寡
而達者明故珠玉小而貴瓦礫多而賤
聖人制七經之本不過三万言衆事備
焉今佛經以万計言以億數非一人力
所能堪也余以爲煩而不要矣
牟子荅曰江海所以異於行潦者以其
深廣也五岳所以別於丘陵者以其高

《牟子理惑论》书影，朝鲜大原寺1638年刊本

大，能圆能方，能老能少，能隐能彰”，可以“蹈火不烧，履刃不伤，在污不染，在祸无殃。欲行则飞，坐则扬光”。看起来像是神通广大的神仙了。

牟子对于佛教中比较深奥的核心理论——四圣谛、八正道、十二因缘等，没有着重介绍，而对于中国普通民众比较容易接受的善恶因果报应，则借助中国民间流传的鬼神观念加以解释。《理惑论》第十二章写道：

> 问曰：“佛道言人死当复更生，仆不信此言之审也。”
>
> ……
>
> 牟子曰：“人临死，其家上屋呼之，死已，复呼谁？”
>
> 或曰：“呼其魂魄。”
>
> 牟子曰：“神还则生。不还，神何之呼？”
>
> 曰：“成鬼神。”
>
> 牟子曰：“是也。魂神固不灭矣。但身自朽烂耳。”

身体可以朽烂，但灵魂不灭，报应一直跟随着灵魂：“有道虽死，神归福堂；为恶既死，神当其殃。”其实中国传统的鬼神观虽讲善恶报应，但多是今世现报，而佛教是三世轮回，还要确认一个不灭的灵魂来作为承受因果的主体。牟子这样依附已有观念来宣讲佛教，固然显得粗浅，但也体现出一种对外来信仰进行调适吸纳的努力。

这种努力更多地是反映在调解观念的冲突上。印度佛教认为，为了解脱人生的苦难，修得正果，就必须离弃父母妻子和财物，剃发受戒，过禁欲苦修的生活，对现世采取一种否定的态度。毫无疑问，这样的价值观与儒家讲求孝敬父母、兴旺家族、为国家社会尽责的人生追求是格格不入的。《理惑论》就设问：

> 《孝经》言："身体发肤，受之父母，不敢毁伤。"曾子临没，"启予手，启予足"。今沙门剃头，何其违圣人之语？不合孝子之道也。
>
> ……
>
> 夫福莫逾于继嗣，不孝莫过于无后。沙门弃妻子、捐财货，或终身不娶。何其违福孝之行也？

对此，牟子从儒家的经典中寻找历史依据予以回应。例如，周的祖先古公有意立季历为嗣，以便最后传位于姬昌（周文王），季历的两位兄长从国家利益出发，主动让位给弟弟，逃到"荆蛮"的吴越之地文身断发，虽毁伤肤发，但孔子却对他俩予以赞扬。此外，尧让位于许由，许由逃入深山，伯夷、叔齐"义不食周粟”，宁可逃入首阳山饿死，孔子称赞他们是“求仁得仁者”，没有责难他们逃离家庭和没有后代。因此，“苟有大德，不拘于小”，和尚“捐家财弃妻子，不听音视色”，是“让之至”，毁发肤是“勇而有义”，是合于大德的，不违背孔圣人的教诲。牟子还指出：

> 尧、舜、周、孔，修世事也。佛与老子，无为志也。仲尼栖栖七十余国，许由闻禅，洗耳于渊。君子之道，或出或处，或默或语，不溢其情，不淫其性。故其道为贵。在乎所用，何弃之有乎？

圣贤君子各有志向追求，只要符合中道就是可取的，不能用一种信仰追求去排斥或取代另一种，“修世事”的儒家与“无为志”的佛老完全是可以相容的。从这个角度来看，牟子可谓佛教中开启三教融通的先导，他这种坚守信仰立场，同时又能多元兼容的精神，对于充满信仰冲突的当今世界来说，依然很有启发。

在佛教中国化的道路上，牟子只开了头，真正完成这一历史使命的人，是惠能。

二、教外别传，见性成佛——惠能与“中国佛教”的创立

唐高宗仪凤元年（676年）正月初八，广州法性寺，印宗法师正在给僧俗讲《涅槃经》。忽然一阵清风吹过，佛殿前的旗幡飘动起来。两个僧人开始争论：是风动还是幡动？正在双方相持不下时，廊庑间有个其貌不扬的青年俗众，谦虚地说了一句话：“不是风动，不是幡动，仁者心动。”一听此言，印宗法师知其不凡，赶紧请他上席，共同讨论佛学奥义。问及来历，那人出示一套法衣——原来他就是传说中匿迹多年的禅宗第六代传人——惠能。于是顺理成章地，印宗法师为他剃发，这意味着惠能正式出家传法。这戏剧性的一幕也宣告了南方禅宗的正式登场。

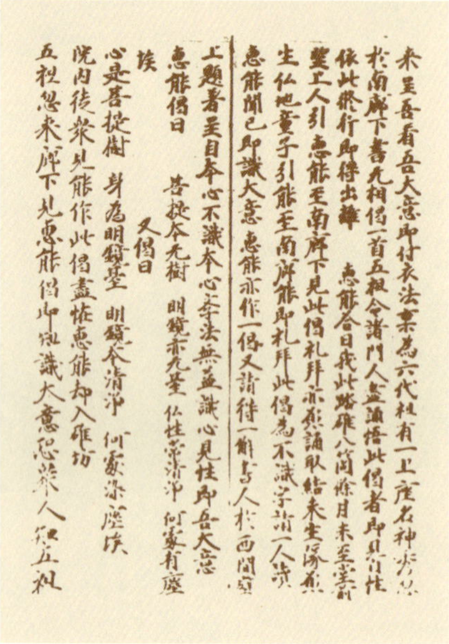
來呈吾看吾大意即付衣法稟為六代祖有一上座名神秀忽
於南廊下書無相偈一首五祖令諸門人盡誦悟此偈者即見自性
依此修行即得出離 惠能答曰我此踏碓八箇餘月未至堂前
望上人引惠能至南廊下見此偈禮拜亦願誦取結來生緣願
生佛地童子引能至南廊能即禮拜此偈為不識字請一人讀
惠能聞已即識大意 惠能亦作一偈又請得一解書人於西間壁
上題著呈自本心不識本心學法無益識心見性即悟大意
惠能偈曰 菩提本無樹 明鏡亦無臺 佛性常清淨 何處有塵
埃 又偈曰
心是菩提樹 身為明鏡臺 明鏡本清淨 何處染塵埃
院內徒眾見能作此偈盡怪惠能卻入碓坊
五祖忽來廊下見惠能偈即知識大意恐眾人知五祖

敦煌抄本《坛经》

惠能（638—713），原籍范阳（今河北涿州），俗姓卢，父亲原任职范阳，因罪被贬到南海新州（今云浮市新兴县），惠能三岁时父亲就去世了，家庭生活清苦，只能靠打柴养母持家。某日他负薪至街市，听人诵《金刚经》至“应无所住而生其心”这一句，心有所悟，于是告别母亲北上寻师求法。在粤北参访了一段日子后，他最终抵达湖北黄梅的东山，拜谒禅宗五祖弘忍。据《坛经》载：

弘忍和尚问惠能曰："汝何方人？来此山礼拜吾，汝今向吾边复求何物？"

惠能答曰："弟子是岭南人，新州百姓，今故远来礼拜和尚。不求余物，唯求作佛。"大师遂责惠能曰："汝是岭南人，又是獦獠，若为堪作佛？"

惠能答曰："人即有南北，佛性即无南北，獦獠身与和尚不同，佛性有何差别？"

惠能这句不卑不亢的"佛性即无南北"，令弘忍刮目相看，但弘忍让他以行者身份在寺院的碓房碓米。八个月后的某日，弘忍召集门人，令弟子们将所学所悟写成诗偈，证悟深者将得其传法衣钵。资历最深的神秀在墙上提了一首《无相偈》：

身是菩提树，心如明镜台，时时勤拂拭，莫使惹尘埃。

此偈颇受推举，但事后惠能听闻此偈后，说神秀还没有洞见佛的本性，口述让童子题了两首：

菩提本无树，明镜亦无台。佛性常清净，何处有尘埃。

心是菩提树，身为明镜台。明镜本清净，何处染尘埃。

（宗宝本作：菩提本无树，明镜亦非台。本来无一物，何处惹尘埃。）

弘忍见惠能此偈，认为他悟解最深，于是连夜向惠能秘授《金刚经》和法衣，嘱咐他速归岭南。惠能为逃避其他人对法衣的争夺，南归后隐遁粤北多年，直到唐高宗仪凤元年（676年）在法性寺亮出身份，才正式成为禅宗六祖。惠能在广州弘法一年后，移居韶州曹溪宝林寺，并应韶州刺史韦璩之请，在大梵寺开坛说法，兼授无相戒，门人法海编录说法内容，此即后世广为流传的《坛经》。武则天、唐中宗先后下诏令请他入京，他都婉言谢绝。武则天赐予百衲袈裟与钱帛等作为供养，又下敕令在他新兴的旧宅建国恩寺。唐玄宗先天二年（713年），惠能在故乡国恩寺圆寂，世寿七十六岁，唐宪宗赐谥“大鉴禅师”。

惠能的思想集中在《坛经》里。《坛经》现存主要有4种版本，法海本最早（敦煌抄本），后有惠昕本、契嵩本以及宗宝本相继而出（本书所引以法海本为主）。尽管屡有增改，但《坛经》作为禅宗的“宗经”甚至是中国佛教“圣经”的地位未曾动摇。汤用彤《隋唐佛教史稿》称：“此经影响巨大，实于达摩禅学有重大发展，为中华佛学之创造也。”从这个意义上说，惠能是中国佛教的实际创立者。那么，他思想的创造性体现在哪里呢？以下从四个关键词来切入他的思想主旨。

（一）性本自净

历史上几乎所有宗教都预设了这个世界是不完美的，人的本性是有缺陷的，这注定了生存就是一个受苦堕落的过程，所以人需要神灵的救赎才可能解脱。早期佛教的救赎论也大致如此：人由于对世界缘起的实相的无知，产生了种种烦恼痛苦，想获得圆满的觉悟（成佛），就唯有永世在佛法的指引下勤苦修行。人性毕竟

韶关南华寺山门

与佛性不同，修行起点与终点是有距离的，污浊的此世与清净的彼岸是两个不同的世界。

从上文神秀的《无相偈》中我们可以明显感到这种差距带来的紧张。心灵如同一面镜子，容易被俗世的灰尘污染，必须不断地擦拭，具体说是“戒、定、慧”，即通过严守戒律、修习禅定来消除内心的种种妄念情感，让佛性征服人性，从而获得佛的智慧知见，达到平静透彻的境界。据说神秀活了九十多岁，临终前告诉弟子说修行就三个字：屈一曲一直。意思是说人从浊世进入清净的彼岸就像蛇入竹筒，本来弯弯曲曲的身体，经过笔直的竹筒，活生生就愣给伸直了。这是一种艰辛、繁琐而循序渐进的修行方法，简称渐修法门，因神秀长期在北方，故也称“北宗禅”。

但惠能所代表的“南宗禅”不同，他要人坚信救赎的力量就来自于人的本性，人人生来都具有平等的大智慧：“般若之智，世人本自有之”，“世人性本自净”。惠能回应神秀的偈语“佛性常清净”“明镜本清净”表述的正是“性本自净”、一尘不染的意思。既然自性清净，人就可以通过反观自心，识心见性，“即得见性，直了成佛”。简单来说，成佛就是洞见、证悟到性本自净，因此，何必向外苦苦求索？

确信了“性本自净”，那么成佛就不再是“向外求玄”，而是“自悟自修自性功德”，全凭自心自力。众生与佛的差别仅仅在于自心迷悟的不同：“自性若悟，众生是佛；自性若迷，佛是众生。”他反复强调要确信自己的本心就是佛：

《六祖大师法宝坛经》内页，明万历三十五年（1607年）刊本

> 听吾说法，汝等诸人，自心是佛，更莫狐疑。
>
> 我心自有佛，自佛是真佛，自若无佛心，何处求真佛。
>
> 菩提只向心觅，何劳向外求玄？
>
> 佛知见者，只汝自心，更无别佛。

这样一来，外在佛就变为心内佛，也意味着我们生命真正应该依靠的乃是自性。佛教原本有“三皈依”之说，即“自皈依佛”，不皈依世间诸神、天魔外道。“自皈依法”，不损害诸有情，不信外道典籍。“自皈依僧”，不与外道徒为伴共处，不与诽谤因果、佛法者为友。也就是皈依佛、法、僧三宝。这是规范信徒的制度和原则。但惠能不拘成法，提出“自性三皈依”：“佛者，觉也；法者，正也；僧者，净也。”用觉、正、净三个无形无相的心性概念，取代了佛、法、僧三个有形有相的存在，皈依的对象也就不再是外在的律仪规制，而是内在的心性道德。惠能不仅把心外佛变成了心内佛，而且将外在的净土内置成“唯心净土”。针对西方极乐净土信仰，《坛经》巧妙地提问：

东方人造罪，念佛求生西方。西方人造罪，念佛求生何国？

惠能给出的答案是：

迷人念佛生彼，悟者自净其心。

……

心但无不净，西方去此不远；心起不净之心，念佛往生难到。除十恶，即行十万，无八邪，即过八千。但行直心，到如弹指。

就是说，净土不在遥远的西方，而在当前的自心。内心若清净，抵达净土是弹指一挥间的事情。内心若浊恶，即便是日夜乃至终生念佛，也无济于事。于是，极乐世界也就从超现实的飘渺彼岸回归到当下的心心念念中。

因“性本自净”而可以“皈依自性”，进而“见性成佛”，这便缩短了众生与佛、此世与彼岸的距离，人们也就把向外觉悟大千世界或祈求佛陀救赎的外在超越，转成了向内反求诸心、依仗自力的内在超越，由此实现了禅宗思想乃至中国宗教哲学的第一次革命。

“性本自净”高扬人性的主体精神，如同阿基米德所说的“撬动地球的支点”，改变了佛教东传以来的指向，肯定了现世，认为人心都自备佛性、佛法、净土，将佛性、净土、佛法直接安置在每个个体的内在心性中。简而言之：本性即佛，此岸即彼岸，眼前就是净土。缺了真心本性，一切外在的宗教形式——如皓首穷经、念佛打坐、清规戒律、师徒授受——便都没有那么重要，甚至剃度出家，也不再是必要的了。这时候，儒家长期给佛教拟的“罪名”——不忠不孝、无父无君，也显得不那么有说服力了。

（二）无念无相无住

成佛的关键既然在自己的心里，那么怎样使得心灵契入佛的境界呢？惠能在《坛经》里说：

> 我此法门，从上以来，先立无念为宗，无相为体，无住为本。无相者，于相而离相；无念者，于念而无念；无住者，人之本性……于诸法上，念念不住，即无缚也……所以立无念为宗。

就是说，修行方法的总原则是无念。无念不是什么都不想，而是“念而无念”，不去执着于自己的每一个念头。人对于世界万物的认知容易形成执念，或者被外物牵引着走，忘了自家身心，或者想努力拒绝外物，刻意与混浊的世界保持距离，但其实都是一种束缚，使自己处于一种紧张对抗的生存状态。最好的状态应该是让心灵敞开、放松、自然，如同镜子或水潭一样映照万物而不执恋万物，对一切现象世界或者现象世界留在内心的念头都“不执着”，最后连“不执着”这种念头也不去执留那就能彻悟了。通俗的理解，无念就是不固执、不沉湎、不留恋，在变幻不居的世界里适意自然地活着。

无相也是如此，所谓“于相而离相”，不是让你在世界上一切形色声音前面转身逃离，而是以平常心去面对而不被形色声音所困扰，如风过耳，似影过目，来去由它，内心始终处于悠然自在的状态。同样的逻辑，“无住”就是不让主体的意识停下脚步，因为意识是不断变动的，一旦停留在某个地方，就会在那里被束缚住，不如随顺一切变化，因为唯有变化才是永恒的。心一旦把握到这种永恒感，也就能悟到惠能禅学的要领。

（三）不立文字

惠能在《坛经》中多次提到对终极境界的体证必须“自用智慧常观照，故不假文字”。“不假文字”或曰“不立文字”，并非“不要文字”，而是不确立、不信任语言文字的权威性，首先是用身心去直面、体会这个世界，如人饮水，冷暖自知，无论你的语言文字把那杯水描写得多么绘声绘色也不管用。

语言文字的功能是对各种现象进行命名、定义和表述，以便于我们用理性去理解、把握进而改变现象世界。从某种意义上说，我们都活在语言文字所编织构造的世界里，思维也就被其所限定了。在禅宗看来，语言文字表述的不是终极实在的境界，也不一定是真实的世界。惠能一再提醒我们，文字只是一个符号工具，很多时候还会让人执迷。

《坛经》（宗宝本）里面有一个故事，无尽藏比丘尼常常诵读《大涅槃经》，惠能一听就能解说其中的妙义。但当比丘尼拿着经卷问字义时，惠能却说："字即不识，义即请问。"比丘尼追问："字尚不识，焉能会义？"惠能告诫她："诸佛妙理，非关文字。"

确实，超越的佛法境界只能被指引、被亲身体悟，而不能被语言文字表述、传达，"不可说，一说就错"。"以心传心"才是独特而高明的传递手段，禅宗自称是"教外别传"就缘于此。它不从文字所组成的经典知识中寻求根源，而是要将法脉追溯到当年灵山大会上佛陀拈花、摩诃迦叶微笑而得到印可的那一瞬间领悟。

惠能这种力图超越文字、直面实相本身的态度，使得后世禅宗多采用语录体的形式来作为教学文本，去帮助实现"以心传心"。语录记载的是禅师们的言行，其往往为一个个让人初看起来懵懂不已的公案故事，让学人从语言逻辑和联想惯性里抽离出来，返回自身去慢慢参究。在之前韩愈与大颠的“叩齿”公案中，我们已大致领略了“不立文字”的宗风，兹不赘述。

（四）顿悟法门

既然自性本来是清净的，而且人自己就能够做到无念、无相、无住，一切外在的语言文字乃至组织、形式、对象都可以超越，那么成佛也就在于心念一瞬间的觉悟，这就是惠能的顿悟法门，又称“顿教”。他说：

> 我于（弘）忍和尚处，一闻言下大悟，顿见真如本性。是故将此教法，流行后代，令学道者顿悟菩提，令自本性顿悟。

又说：

> 故知不悟，即是佛是众生，一念若悟，即众生是佛。故知一切万法，尽在自身中，何不从于自心顿现真如本性？

又说：

> 若悟无生顿法，见西方只在刹那；不悟顿教大

乘，念佛往生路遥，如何得达？

也就是说，众生与佛、尘世与净土、有限与无限种种的对立差别都可以在一刹那的顿悟中消解，达到圆融的统一。惠能还对神秀的渐修法门作了述评，“秀和尚言戒定慧：诸恶莫作名为戒，诸善奉行名为慧”。戒是外在的规范，定是自我控制，慧大概属于理性知解，但在惠能看来这些并不符合内在、自然、超越的自性原则，只能用来接引劝谕“小根智人”，他从自性的角度重新一一作了定义：“心地无非自性戒，心地无乱自性定，心地无痴自性慧。”进而大胆宣称：“得悟自性，亦不立戒定慧。”顿悟比渐修更胜一筹。

凭借直指人心、简明直截的崭新风格，惠能在宝林寺（即今天的韶关南华寺）三十年间，徒众如云，吸引了全国各地僧侣南下求法，岭南一时成为禅宗南宗的中心，宝林寺在后世也被公认为禅宗祖庭。在亲传的43位弟子里面，岭南籍的有法海（韶州）、志道（广州）、印宗（广州）、令韬（曲江）、祇陀（韶州）、定真（罗浮山）、吴头陀（广州）、法真（广州）、韦璩（韶州）等九人。惠能圆寂后，大弟子神会北上京师弘扬顿教，最终让南宗禅成为禅宗正宗，渗透到中国文化生活的方方面面。

惠能开创的南宗禅是中印文化长期碰撞、交融后的产物，也是儒释道三教汇合缔造的结晶。与同时期的天台宗、华严宗、律宗、唯识宗等中国佛教宗派相比，禅宗最具中国特色。他吸纳了“人皆可为尧舜”的儒家性善论，又融入老庄适意洒脱的精神追求，将出世的救赎宗教转化为入世的生命哲学，化繁为简地革新了传统佛教修行方法，让佛教褪去宗教色彩，呈现为一种纯粹的精神信念或自由活泼的生命智慧，更加契合中国人的现世性情，故而很快地风靡朝野，征服了中国士大夫的心灵世界，激发了唐代的儒学复兴运动，宋明儒学中的陆象山、王阳明的心学一系，注重“发明本心”，就深受禅宗的启导。道教在唐宋之际由外丹学顺利过渡到内丹学，也一样从禅宗那里吸取了心性修炼的经验。而普罗大众更是青睐禅的平易、简约与鼓舞人心——不用高门

广州光孝寺的“瘗发塔”

六祖惠能真身

槛，无须勤苦修，生命意义的获得全凭自己。由一个目不识字的南蛮樵夫终成流芳千古的一代祖师，惠能的生命历程不就是一个平凡而伟大的典范吗?

禅宗还随着留学僧侣求法的步伐、商人贸易的船舶，走出岭南散播到整个东亚周边，改写了东亚学术思想的历史，再经由日本人的介绍，于20世纪中期风靡了欧美，今天西方世界禅宗的信徒济济，彰显出“禅”这种东方智慧的强大生命力。

本节开头“风动幡动之辩”的发生地——法性寺，也就是今天的光孝寺，有一个塔静静地矗立在大雄宝殿后，据说里面埋着惠能当年剃落的头发，故称“瘗发塔”，其每日接受着来自四面八方信众的顶礼膜拜。而在200公里以外的韶关曹溪南华寺六祖殿，惠能的真身历经千年劫难，依然安详端坐在龛中。让后人读其书，而且还能睹其真容的古代先哲，大概仅此一位。

第四节　弘道南粤：葛洪的神仙道教理论

在某些历史时期，岭南宽松安定的局面反而与中原社会政治动荡、战乱频仍、国家专制的局面形成了鲜明对比，岭南因此成为很多人心目中的逍遥乐土。神秘、散漫而颇具野性的岭南文化生态更趋近于批判文明异化、崇尚自然适性的老庄精神，更能够为企求身心解脱的人们架起一座精神桥梁。

如牟子所言："灵帝崩后，天下扰乱，独交州差安。北方异人咸来在焉，多为神仙辟谷长生之术。"求仙的方士，即道士的前身，自秦汉就络绎不绝南下岭南，相传有安期生、阴长生、朱灵芝、华子期、李少君等，都把"百粤群山之祖"的罗浮山作为他们修炼的据点，开了岭南道教的滥觞。其中，历史上实有其人而且颇有造诣的，是西晋南海太守鲍靓，史称他"学兼内外，明天文河洛书"，"尝见仙人阴君，授道诀"，他的女儿鲍姑承传父业，女婿更是成就非凡，也即著名的炼丹家、大医药学家葛洪。葛洪长期在岭南活动，晚年举家移居罗浮山修道著述，构建起道教历史上第一套完整的修仙理论。如南怀瑾《中国道教史略》所说："抱朴子葛洪修炼丹道于广东，此皆道家荦荦大端的事实。葛洪著作等身，留为后世丹经著述，及修炼丹道的规范。"

葛洪（283—343）[①]，字稚川，自号抱朴子，晋朝丹阳句容人（今江苏句容）。他生于乱世，出身江东世家，祖父、父亲在吴国、晋朝都任过高官，十三岁时父亲去世后，家道中落，葛洪便白天砍柴卖钱买笔纸，"夜辄写书诵习"。他治学兼综经史百家，但对神仙道

① 关于葛洪的卒年，历来有两种说法。一种本于袁宏的《罗浮记》，说葛洪享年六十一岁，即卒于晋康帝建元元年（343年）。一种本于何法盛的《晋中兴书》《晋书》，说葛洪享年八十一岁，即卒于晋哀帝兴宁元年（363年），后世道门的神仙传记多沿用。两种说法都提及葛洪羽化时广州刺史邓岳赶来送别，若葛洪卒于八十一岁，则当时广州的太史应为谢奉，而不是邓岳。又因为袁宏离葛洪的时代最近，对葛洪极其敬仰，且本身为史学家，故其记载最可信，被学界普遍认可。

葛洪炼丹图，李铣作于1920年

最感兴趣，拜入他叔祖葛玄（三国时期知名方士）的弟子郑隐门下学习炼丹秘法。

葛洪第一次到岭南，是在西晋惠帝光熙元年（306年），也即他二十四岁的时候。年轻的葛洪已经“以儒学知名”，胸怀经邦济世的抱负，曾参加了镇压叛乱，官封至伏波将军。适逢好友嵇含新任为广州刺史，葛洪受邀出任参军，先抵达广州。不料时局变幻，嵇含赴任中途遇害，滞留在广州的葛洪顿感失落：“荣位势利，譬如寄客，既非常物，又其去不可得留也。隆隆者绝，赫赫者灭，有若春华，须臾凋落。得之不喜，失之安悲？”（《抱朴子·自叙》）于是他开始绝弃世务，热衷仙道。在此期间，他拜南海太守鲍靓为师，学符箓道法，还与其女鲍姑成婚，两人结成修仙眷侣，精究医

明代韩鸣鸾《罗浮志略》中的罗浮山图

药，为百姓治病。鲍姑擅长灸法，葛洪的重要医药著作《肘后救卒方》（后世通行称呼为《肘后备急方》）就收录了大量灸方，当是葛氏夫妇的“合作成果”。

寓居岭南八年后，葛洪返回故里，在东晋朝廷任职，但他无意于仕途，转而开始撰写大量著述，其中最重要的当属《抱朴子》。四十八岁时，葛洪以“才堪国史”的理由被推荐任散骑常侍，领大著作，但他推辞不就。晋成帝咸和七年（332年）后，葛洪自感年老，想炼丹以求延寿，听说勾漏（今广西北流）出产炼丹的原料——丹砂，于是向朝廷申请当那里的县令，争取到晋成帝的批准后，他带着子侄，举家南下。抵达广州时被刺史邓岳挽留，于是转迁入罗浮山炼丹。葛洪“在山积年，优游闲养，著述不辍”，《抱朴子》的修订、《肘后救卒方》的写作或在此期间。临终前，他写信给邓岳说要远行寻师，时期到了就出发。邓岳得知，仓皇赶到罗浮山告别。抵达罗浮山时葛洪已经去世，“视其颜色如平生，体亦柔软。举尸入棺，甚轻，如空衣然也”，享年六十一岁。

葛洪《抱朴子外篇》有50卷之多，“言人间得失，世事臧否，属儒家”，多用辩难的方式结构成篇，主要阐发了他作为一个儒者的政治思想和社会历史观。在《抱朴子外篇》中他针砭时弊，言语犀利，主张要治理好纷乱的社会，“必当竞尚儒术”，以六经为正道，抨击当时流行的老庄玄学和无君论，论证了君主专制及刑罚的正当性。当然，他没有以儒者自居，认为“道者，儒之本也。儒者，道之末也”，于是创作了《抱朴子内篇》20卷，来阐发他心中至高的道——神仙之道。

葛洪坚信肉身不死的神仙是真实存在的，只要掌握方法，成仙并不难。他这样说：

> 若夫仙人，以药物养身，以术数延命，使内疾不生，外患不入，虽久视不死，而旧身不改，苟有其道，无以为难也。（《抱朴子内篇·论仙》）

他批评那些看不到仙人就认为“天下必无此事”的人是“浅识之徒”，因为“天地之间，无外之大，其中殊奇，岂遽有限”，人应该以好奇、求新的心态去探索天地造化，创造生命的无限奥秘。葛洪大胆地宣称“我命在我不在天”（《抱朴子内篇·黄白》），自信地肯定人的创造力。

葛洪的修仙理论并不复杂，它承袭自汉代流行的宇宙元气哲学，以元气为宇宙的终极本原，认为天地万物都是元气所化生滋养。他认为：“夫人在气中，气在人中。自天地至于万物，无不须气以生者也。”万物的发展变化都由禀受到的气的多寡与性质来决定，“受气各有多少，多者其尽迟，少者其竭速”。人的寿命长短也是如此："彼虽年老而受气本多，受气本多则伤损薄，伤损薄则易养。……此虽年少而受气本少，受气本少则伤深，伤深则难救。"而气是可以通过后天的人为努力来培育转化的，因此人可以"藉众术之共成长生"，特别是通过养气来延长寿命，导引、吐纳、行气等方术就属于这一类。

在所有的修仙方术里，最上乘的是"金丹大道"，即炼丹术，又称"外丹"。所谓金丹，就是黄金、水银的提取合成物。黄金，阳性，是不怕火炼、性质稳定的永恒存在物："夫金丹之为物，烧之愈久，变化愈妙。黄金入火，百炼不消；埋之，毕天不朽。"第二种是汞（水银），阴性，是不断循环的金属："丹砂烧之成水银，积变又还丹砂。"在葛洪看来，炼制金丹就是在模拟阴阳精华汇聚、造化元气变化的过程，服用金丹就意味着吸收异类性质，获得坚固、不朽、永恒、循环的生命。他坚信服用金丹能"炼人身体，故能令人不老不死"（《抱朴子内篇·金丹》）。

葛洪总结了汉魏秘传的种种仙药，"仙药之上者"是丹砂，然后依次是黄金、白银、诸芝、五玉、云母、明珠、雄黄、太乙禹余粮、石中黄子等等这些金属或矿石，再然后依次为松柏脂、茯苓、地黄、麦门冬、木巨胜、重楼、黄连这些植物药。他认为一般草木一烧就成灰，可丹砂、黄金稳定而且能循环，所以炼制服用可以

元代画家王蒙《葛稚川移居图》，藏于故宫博物院，描绘了葛洪举家南迁罗浮山的场景，从古至今，相同主题的画作甚多

“以质补质”地使人获得永恒和长生，这就是用异类物质来帮助肉体生命得到坚固，用他的话说是“假求于外物以自坚固”。归根到底，这种信念根植于一种朴素而有机的自然哲学，即相信万物生生互化，在本原上都是相通的一气。如知名的科技史家李约瑟所言：“道教的身体不朽并非奇特幻想，而是一种具有深远意义的信念。它再好不过地表明中国思想有机特性的一个侧面。”

欲成仙道，先修人道，葛洪神仙道教理论还融合了儒家伦理，强调“积善立功”对成仙的必要性，他说：

> 欲求长生者，必欲积善立功，慈心于物，恕己及人，仁逮昆虫，乐人之吉，愍人之苦，周人之急，救人之穷，手不伤生，口不劝祸，见人之得如己之得，见人之失如己之失，不自贵，不自誉，不嫉妒胜己，不嫉谄阴贼，如此乃为有德。

这种入世的道德诉求不仅完善了道教宗教伦理，让修仙者免于“独善其身”的责难，也激发了民众日常行善的热忱。

对永恒生命和幸福生活的追求，是人类非常本质的一种追求。今日的基因工程、医疗科学技术又何尝不是这种追求的延续？在今人看来，求仙的追求固属虚诞，修仙理论也不具备精密的思辨性，更缺乏有效的实证性，但它们导发出了很多养生功法及医药科学技术，拯救了芸芸众生。“便携式”急救手册——《肘后救卒方》就启发了科学家屠呦呦在上个世纪70年代成功研发出“抗疟神药”青蒿素，让世界上无数人免于疟疾折磨，屠呦呦在2015年成为首位获得诺贝尔医学奖的中国人，在获奖演讲里她便对葛洪有所致意。

《肘后救卒方》中还不乏瘴疠、蛊毒、脚气病等岭南疾患的记录总结与应治方法，很多药方背后“药食同源”“治未病之病”的理念对岭南医药传承影响深远。他在岭南很多地方留下遗迹及传说，香火奉祀不绝，当地百姓并没有把他当成外地人，而是将其尊为“南粤先贤”“岭南医药开山始祖”。

葛洪所倡导的金丹大道属于外丹术，由于在实践上遭遇了挫败，到了唐宋之后，逐渐被新的修仙术所取

罗浮山飞云顶

代，由信仰肉身不死转向倡导精神超脱。隋唐之际，隐居罗浮山的道人苏元朗（号青霞子）撰写了《旨道篇》，“自此道徒方知有内丹一术”。所谓内丹，指的是“丹药”乃从人自身的精、气、神提炼而来，而非来自于自然界的丹砂、黄金、水银等物质，类似于今天的气功养生术，更注重内在意念的修炼。内丹学成熟于宋代，其集大成者、南宋高道白玉蟾也曾在罗浮山修道（将于下一章介绍）。

罗浮山与道教外、内丹修仙理论与技术渊源甚深，无愧于“岭南第一仙山”之誉。

第二章

赓续承启：宋代的岭南思想

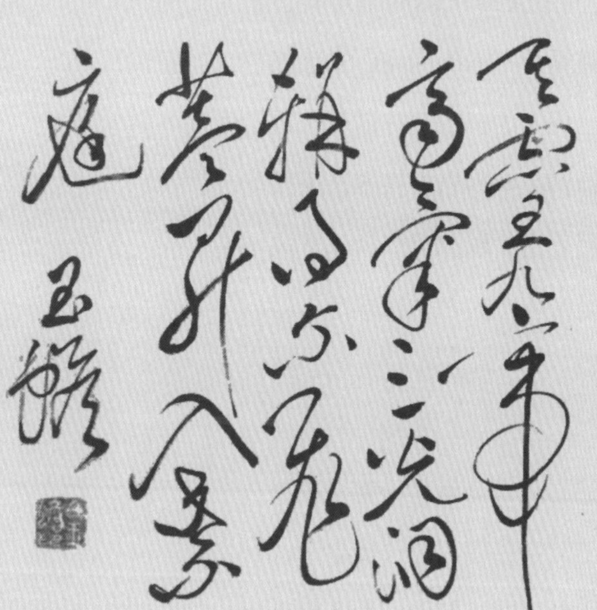

公元960年，陈桥兵变，赵匡胤“黄袍加身”，成为开国太祖，宣告了宋代的建立。经过十多年的统一战争，中原大地基本结束了五代十国近百年的割据分裂局面。两宋在其统治的三百一十九年期间，虽然先后面临着辽、西夏、金、蒙古等少数民族政权的威胁，军事上不尽如人意，但政治开明，科技发达，经济之繁荣冠绝一时，文化上更是遥领风骚，不愧被称为中国文化史上的巅峰时代。

宋太祖立朝之初，就定下崇文抑武的治国方针，“不杀士大夫”的祖训定下尊重读书人的传统。宋代的士大夫精英具有“以天下为己任”的担当精神以及与君主“共治天下”的使命感，他们在朝则忠君谋国，重振纲常，在野则独善其身，传经著述，以德行引领一方风俗。许多儒者无论从思想还是人格上，都堪称典范，促成儒学的复兴繁荣。“北宋五子”周敦颐、张载、邵雍、程颢、程颐开创的新儒学，承传到南宋的朱熹那里，终集大成为理学。理学的同时代竞争者还有王安石的“新学”、三苏（苏洵、苏轼、苏辙）的“蜀学”，尽管这些学派的政见、学术主张不同，但他们大多都有过出入佛道二教、返归儒家六经的心路历程，他们重建新的社会政治秩序、再致三代圣王（尧、舜、禹）之治的理想是一致的。

宋代的佛教昌盛，士庶都热衷谈禅礼佛，以禅宗流传最广泛，惠能创立的南宗禅在他身后开出“五家七宗”，即临济宗、曹洞宗、沩仰宗、云门宗、法眼宗五家，再加上由临济宗分出的黄龙派和杨岐派，这些支派将高明的禅境界进一步融入世俗生活。道教在儒、佛的夹缝中也不断拓展自己的生存发展空间，或仿照佛教的组织形式，或吸纳禅宗的心性学说与儒家的忠孝人伦，修正原有的外丹理论。北宋民间隐修者张伯端大倡心灵调养与生理锻炼并重的“性命双修”，金朝王重阳在北方创建全真教，主张通过除情去欲的苦修来达返明心见性、返璞归真的境界，后世并称其为道教内丹学的南北二宗。从整体上看，三教合一的观念在宋代逐步深入人心。如宋宁宗所说，“以佛修心，以道养生，以儒治世”，宋代以后的近世中国文化形态始终以儒家为主流，佛道二教并行不悖，匡助政教，劝世行善，奠定往后近一千年平民化、世俗化、理性化的精神基调。

随着政治、经济、文化中心的南移，岭南有了进一步的开发。广东文教昌盛，每州都有州学，有一半以上的县立了县学，科举成绩可观，两宋进士人数达500余人，逐渐摆脱中原人眼里“南蛮”的刻板形象。这个时期虽然没有出现惠能那样引领时代风气的大思想家，但儒、释、道各大思想主流在这里都得到很好的传承，还形成了以崔与之“菊坡学派”、白玉蟾“道教金丹南宗”为代表的地方派别。

1279年，宋亡于岭南崖山。决战一役，岭南军民与宋室共进退，慷慨赴难。崖山之后，许多士人甘当遗民，不仕新朝。这种孤忠烈节，已永久镶嵌进民族的历史文化记忆中。

第一节　异代九龄，名臣风采：余靖及其“安民为本”思想

如今的韶关市区有两座纪念当地名人的历史文化名楼，一是风度楼，一是风采楼。前者是为纪念唐代名相张九龄而建，而后者则是纪念北宋名臣余靖。“九龄风度”，前文已述，而说起“余靖风采”，则知之者甚少。其实，余靖是岭南继张九龄之后的又一朝廷重臣，有“异代九龄”之誉。

余靖（1000—1064），字安道，号武溪，韶州曲江（今广东韶关）人，是北宋仁宗时期著名的政治家、外交家和诗人学者。余靖自幼勤奋好学，广泛涉猎诸子百家，并以文学著称乡里。文坛宗主欧阳修曾这样评价他：“自少博学强记，至于历代史记、杂家、小说、阴阳、律历，外暨浮屠、老子之书，无所不通。”天圣二年（1024年），二十五岁的余靖顺利通过科举考试，成为新晋进士，自此开始宦海生涯。

风采楼旧照

余靖画像

虔州赣县尉是余靖进入仕途的第一任官职，该官职主管一县的治安、文书等。虽然官职低微，余靖却恪尽职守，并在即将任满的时候作《从政六箴》，以“清”（清廉）、“公”（公正）、“勤”（勤勉）、“明”（明察）、“和”（中和）、“慎”（谨慎）六字作为自己的为官原则。可以说，《从政六箴》是余靖初次为官的经验总结，寄寓着为国为民的从政理想。

明道二年（1033年），余靖开始由地方官升任秘书丞，主要校勘官方经史典籍。而此时的朝堂之上，范仲淹和吕夷简之间产生了“朋党之争”。余靖挺身而出，极力为范仲淹辩白。最终结果却是，直言敢谏的范仲淹、余靖以及欧阳修等人被贬出京。然而，公道自在人心，时任推官的蔡襄专门作组诗《四贤一不肖》，分别称赞范仲淹、余靖、欧阳修等人的气概和风骨。其赞余靖的诗末句是：

言非由位固当罪，随漕扁舟尽室俱。炎陬此去数千里，橐中狼籍惟蠹书。

高冠长佩丛阙下，千百其群诃尔愚。吾知万世更万世，凛凛英风激懦夫。

此诗一时传诵千里，甚至经由使臣传至契丹国，朝野为之轰动。余靖虽然遭遇了入仕以来的第一次挫折，却也因不畏权贵而为人所称道，赢得“凛凛英风”的声望。

被贬期间，余靖上书请求在家乡附近任职，以便照顾年迈的双亲。仁宗感念其孝思，在宝元二年（1039年）任命他为太常博士，命其治理英州（今广东英德）。然而，还未抵达岭南，他却接到母亲亡故的讣告。此后两年，余靖主要在家乡韶州守丧，也在周边活动，曾前往广州、惠州、潮州探亲访友，应友人之邀写下大量的诗文、墓志铭和塔铭。除此之外，余靖也与当地的僧人、隐士交游来往，并留下《韶州善化院记》《惠州开元寺记》等寺庙记文，这种三教往来互动的现象在宋代士大夫中非常普遍。

余靖守孝尚未结束，朝廷在内忧外患的局势下开始酝酿一场政治变革，这就是范仲淹所倡导的“庆历新政”。余靖作为改革派的积极支持者和实际参与者，很快受到朝廷的重用。在改革派的推动下，仁宗罢免了宰相吕夷简，任命欧阳修、王素、余靖等人担任谏官。蔡襄闻知此事，又作《喜欧阳永叔余安道王仲仪除谏官》一诗：

御笔新除三谏官，士民千口尽相欢。昔时流落丹心在，自古忠贤得路难。

好竭谋猷居帝右，直须风采动朝端。人生万事

> 皆尘土，惟是功名永远看。

自此之后，“余靖风采”之说在岭南流传开来，韶关风采楼也由来于此。而欧阳修、余靖、王素以及蔡襄四人也因直言敢谏，被时人称为“四大名谏”。

随后，以范仲淹为首的改革派提出一系列改革的主张，余靖作为改革的中坚力量也积极向朝廷进言献策。这一时期，余靖身兼数职，多次向朝廷奏议，内容涉及学校、科举、用人、马政、赋役、礼乐、灾异、外交、边防、平乱等诸多方面，而这些切中时弊的建议大多被朝廷采纳。其中，最为重要的莫过于庆历三年（1043年）的《论御盗之策莫先安民奏》。余靖认为：

> 安民之术，则但不夺其时，不伤其财。能禁其为非，而去其为害者，则皆安堵矣。故盗贼之势，不可使其滋蔓，惟先求安民之术而已矣。欲民之安者，在乎谨改作勿争其利而已矣。（《全宋文》卷五百六十一）

针对盗贼横行、流寇四起的问题，余靖建议朝廷安定民心，以平息各地动乱。具体“安民之术”主要指不夺民时、不伤民财。政府不与民争利，百姓自然不会为非作歹。因此，余靖明确指出，“当今备灾之术，最急者，宽租赋、防盗贼而已”。面对灾荒，朝廷应当轻徭薄赋，减轻百姓负担，以防止灾民流离失所而沦为乱民。民众安定则国家安定，换言之，“民安”是“国安”的基础。所谓“中外之政，安民为本”。“安民”自始至终是余靖理政思想的核心，“安民之术”还包含宽民、抚民两方面内容。具体来说，“宽民”就是“量民力而取之”，做到“暴赋横敛不加于民”；“抚民”就是“不驱民为盗”，不把百姓逼上绝路，而是使民“安其居而怀其生”。通过“宽民”“抚民”而实现“安民”，体现了余靖“重民”的思想倾向，这也是儒家“仁政”“民本”思想的具化。

“安民为本”思想的成功运用，体现在余靖妥善平息岭南的侬智高之乱上。皇祐四年（1052年），世居邕州（今广西南宁）的侬智高发动叛乱，一路攻陷广西、广东诸多州县，直逼广州城下。宋军接连失利后，朝廷任命余靖为广南西路经略安抚使，提拔狄青为枢密副使，率兵南下平叛。二人通力协作，最终平定了南疆边患。然而，侬氏之乱历时两年，两广地区遭到很大的破坏。余靖留守广西，修复城防道路，兴修农田水利，招抚百姓归业，落实朝廷的减赋政策。与此同时，他还逐渐肃清侬氏的残余势力，并以恩威镇服交趾等国，史称“抚辑完复，岭海肃然”。

余靖积极参与施行“新政”的同时，也一直密切关注边防事务，其对于风云诡变的国际形势，有着深刻的战略远见。庆历三年（1043年），与大宋连年征战的西夏忽然决定议和，而西夏国主元昊却趁宋廷急于求和的心理提出诸多无理要求。余靖连接上《论元昊请和当令权在我》《论元昊过求不宜尽许》《乞早发遣元昊来使杨守素等》等奏疏，指出“戎事有机，国力有限……又况契丹之力，能制元昊，闻其得物之数，能不生心？无厌之求，终难应付，若移西而备北，为祸更深”。他认为，西夏并非诚心议和，朝廷应当“严设武备”，坚持宋与西夏的君臣名分，不能答应元昊的过分要求，而让对方贪得无厌。

然而，当西夏与契丹关系恶化，西夏终于愿意向宋称臣时，契丹却又向宋廷示好，请宋朝不要接受西夏的议和请求，并表示愿意出兵攻打西夏。如此一来，宋朝陷入两难之中——是要“徇北狄而绝西戎”，还是“纳西戎而违北狄”？面对朝廷举棋不定的态度，余靖当机立断，再次上书《上仁宗论元昊所上誓书》，细陈事态利弊：

> 唯有速行册封，使元昊得以专力东向，与契丹争锋，二虏兵连不解，此最中国之利……谓封册元昊在二虏胜负未分以前，则元昊有以为恩，契丹无以为词。

余靖认为，应当册封元昊，停止宋夏战争，以便百姓休养生息，而不能屈从契丹的要求。具体来说，即暂缓发放册封西夏的国书，先解决好契丹方面的问题。仁宗采纳了建议，并任命余靖出使，与契丹君主谈判。经过献策和斡旋，余靖将“二敌连谋”转化为二敌相残，宋与西夏休战，与契丹暂时也相安无事。而契丹与西夏的矛盾却被激化了，两国战争延续了六年之久，虽互有胜负，却都元气大伤，再无力侵犯宋境。攘外安内的外交才干和政治智慧，让余靖再次名震朝野，此后也一直为朝廷所倚重。

嘉祐六年（1061年），余靖已经六十二岁了。宋仁宗考虑到岭南在军事以及海贸上的战略要位，又顾念余靖年迈，于是提升余靖为尚书左丞，主管广州。余靖再

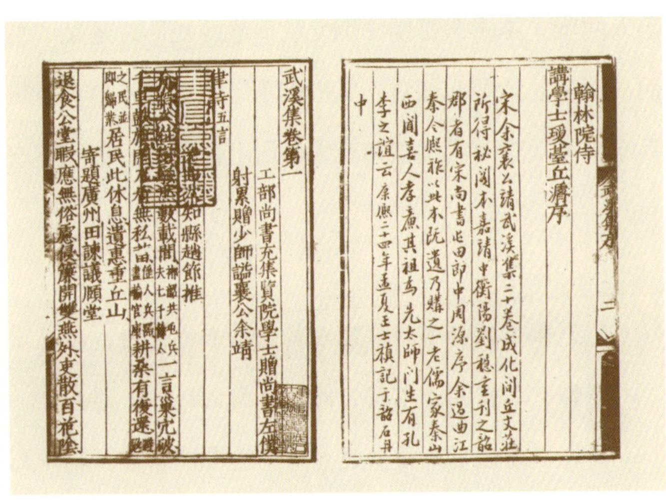

《武溪集》书影，明嘉靖四十五年（1566年）刻本

次身兼数职，负责广州的民政、赋税、市舶司等事务。广州作为贸易港口，在余靖就职之前“蕃舶罕至”，余靖经营之后，商船“来者相继”，持续繁荣。

嘉祐八年（1063年），余靖过大庾岭，北上述职，却不幸病逝于途中。新登基不久的英宗为之辍朝一日，追封余靖为刑部尚书，定谥号为“襄”，后人尊称忠襄公。治平二年（1065年），余靖归葬于曲江成家山（今韶关市武江区西联镇甘棠村成家山）。

余靖墓

学行治功与君子风范集于一身，构成了余靖的名臣风采。明儒丘濬曾说：“岭南人物，首称唐张文献公（张九龄）、宋余襄公（余靖）。”余靖擅长诗文，作品被后人编纂成集，以故乡武溪为名，题为“武溪集”，与张九龄的《曲江集》隔代辉映，就像风采楼和风度楼，双楼并峙，为南国山河增色。

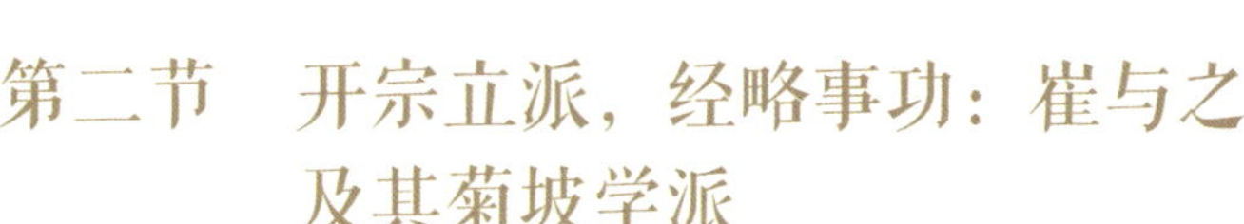

第二节　开宗立派，经略事功：崔与之及其菊坡学派

岭南明代大儒陈白沙曾说：“夫自开辟达唐，自唐达宋至于今，不知其几千万年。吾瞻于前，泰山北斗，曲江公（张九龄）一人而已耳。吾瞻于后，公（余靖）与菊坡公（崔与之）二人而已耳。噫！士生于岭表，历

兹年代之久，而何其寥寥也？”白沙感叹的是，唐代以来，岭南“重量级”的大人物唯有张九龄一人，其后的几百年间，能与之并肩的只有北宋的余靖和南宋的崔与之。

崔与之（1158—1239），字正子，号菊坡，广东增城（今广州市增城区）人，历仕光宗、宁宗、理宗三朝共四十七年，是南宋著名的政治家及在文学、思想等领域开宗立派的名儒。

崔与之画像

崔与之自幼聪颖异常，由于出身寒微，直到而立之年仍是一介布衣。为建功立业，他在淳熙十六年（1189年）年毅然负笈北上，“不远数千里游太学”。在太学的三年里，崔与之手不释卷，终于在绍熙四年（1193年）考中进士，这一年他已三十六岁。《宋史》称：“广之士由太学取科第自与之始。”崔与之成为宋代由太学中进士的第一人。

进士及第之后的十余年间，崔与之先后出任浔州（今广西桂平）司法参军、淮西提刑司法检法官，主管过建昌新城县（今江西南城），担任邕州（今广西南宁）通判、广西提点刑狱、淮东安抚司等地方官职。就职广西是在嘉定二年（1209年），崔与之已经五十二岁了，但他不辞劳苦，遍历所辖的二十五州，甚至渡海到海南岛考察民情。崔与之在海南还做了三件利于民生的好事：（一）罢除不合理的科役摊派，减轻百姓负担；（二）严惩不法的贪官污吏；（三）在海南推行免役法。海南民众感其恩德，将这些事录为《海外澄清录》。

此时的华夏局势紧张，金朝在北方蒙古的进逼下不断南侵，宋、金边境西起川陕、东到淮东遭遇前所未有的危机。而驻扎兴元府（今陕西汉中）的南宋士兵不堪总督虐待，发动兵变，攻陷四川多座城池，直逼成都府。一时间，川蜀内外交困，形势危殆。

嘉定十三年（1220年），六十三岁的崔与之临危受命，出知成都府，肩负起安定川蜀、抗击金国的重任。南宋时的川蜀地域广袤，战略地位十分重要，时人常说“蜀据上游，有四蜀而朝廷重”。崔与之深刻认识到这一点，就任之后和手握重兵的四川宣抚使同心协力，很快镇压了兵变。随后，他不断对金兵实施攻心战和离间计，招降诚心归附的金国将帅。此举不仅壮大了自身的军事实力，也使得金国君臣相互猜忌，军心大乱，川陕的局势逐步稳定下来。宁宗闻讯，下诏嘉奖：“卿道德足以镇浮，智识足以制变。赋宽四蜀，民气顿苏，尘靖三边，军声益振，使朕无西顾之虑。”

坐镇成都府的这段时间里，崔与之举荐了大量的蜀地名士，如游似、魏了翁、家大酉、程公许、李心传等儒者。闲暇时，还曾登临川陕地区的咽喉要道剑门关，留下名作《水调歌头·题剑阁》。词曰：

万里云间戍，立马剑门关。乱山极目无际，直北是长安。人苦百年涂炭，鬼哭三边锋镝，天道久应还。手写留屯奏，炯炯存心丹。

对青灯，搔白发，漏声残。老来勋业未就，妨却一身闲。梅岭绿阴青子，蒲涧清泉白石，怪我旧盟寒。烽火平安夜，归梦到家山。

整首词格调雅健，气势雄浑奔放，处处透显出叱咤风云的刚毅之气，开创了岭南词作忧国伤时、豪迈雄健的词风，崔与之也因此被世人称为“粤词之祖”。他的弟子李昂英认为，该词可与诸葛亮的《出师表》相提并论。清末民初广东番禺的潘飞声在《粤词雅》中引杭堇甫语品题此词：“尚得古贤雄直气，岭南犹觉胜江南。”毛泽东也曾手书这首词，手稿现珍藏于广州博物馆。

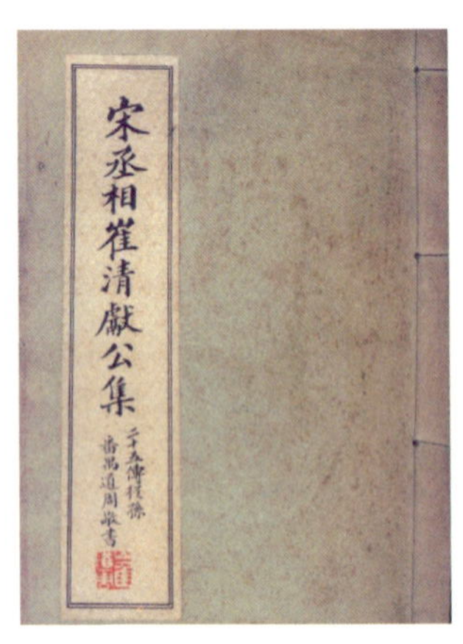

《崔丞相崔清献公集》书影

嘉定十七年（1224年），成都府任满之后，六十七岁的崔与之推辞礼部尚书的官衔，一路南下广州。此后的十五年，他基本隐居乡里，投入门下的士子不可胜数。崔与之非常喜欢北宋韩琦“不羞老圃秋容淡，且看黄花晚节香”的诗句，专门将此句题于厅堂之上，将自己的晚年居所命名为“菊坡”，还将理宗所赐的园林改建为菊坡书院，后人尊称崔与之所创立的学派为“菊坡学派”。

崔与之本人重经世致用而不喜空谈，没有太多道德性命方面的言论传世。我们只能从他仅存的诗文奏表中窥测其思想旨趣。在心性方面，崔与之曾说，“其视宇宙之大，无一物足以动其心”，强调心不为外物所动。在修养工夫方面，他将“毋不敬则内敬常存，思无邪则外邪难入”作为修身法门，还以“无以嗜欲杀身，无以财货杀子孙，无以政事杀民，无以学术杀天下后世”作为座右铭。这与理学所倡导的“主敬”“遏人欲”思想有一定的相通之处，但他对定于一尊的学说保持一定的警惕，主张不能因学术而废事功。在为政方面，崔与之最重选才任能，“以用人听言为立国之本”。纵观崔与之的诗文，几乎不见理学家的流行话头，却有着对国家前途的忧虑意识和政治革新意识，洋溢着鲜明的事功色彩。诸如“胸藏经济方，医国收全功”“到得中流须砥柱，功名事业要双全”。可以说，崔与之虽然与朱子后学真德秀、魏了翁等人过从甚密，却有着强烈的事功思想，与程朱理学大异其趣，而与浙东的陈亮、叶适所代表的事功学派较为接近。

虽然崔与之传世的思想和著作不多，但“菊坡学派”却在岭南传承不息。据清初大学者黄宗羲、全祖望等编撰的《宋元学案》所载，菊坡学派的传承是：崔与之—洪咨夔—程掌。在冯云濠、王梓材之后编纂的《宋元学案补遗》中，增加“崔氏同调”：谭凯、刘镇、温若春、吴纯臣。“崔氏门人”：洪咨夔、李昴英、黄镛。“菊坡续传”：李肖龙。上述门人多为广东人。

可见，崔与之在世时，身边有论学的同道友人和传道的门人后学，作为学派的“菊坡学派”初具规模。真正使这学派发扬光大的是门人李昴英。

李昴英（1200—1257），字俊明，号文溪，谥忠简，番禺人，宝庆二年（1226年）进士，也是岭南历史上第一位探花。官至龙图阁待制、吏部侍郎，政绩卓著。崔与之隐居乡里时，李昴英经常从游问学，最终成为“菊坡学派”的第二代掌门人，著有《文溪存稿》，“其文质实，如其为人”，读之可感受到“刚直之气，有自然不能掩者矣”（《四库全书总目提要》）。崔与之逝世后，李昴英隐居广州文溪，广收门徒，聚众讲学。较为知名的弟子有陈大震、李春叟、何文季等人，而陈大震又有弟子王道夫。这些后学在元初不仕新朝，活跃于文坛，结诗社，以志节相励，“文溪之学”因此成为岭南学术的主流。而作为文溪之学源头的“菊坡学派”，也因李昴英为首的后学的推动，成为岭南儒学史上的第一个学术流派。

到了明代，陈白沙在多篇诗文中推崇崔与之、李昴英，自言“平生愿执菊坡鞭”“家有文溪地下师”。他还曾做梦：“崔清献坐床上，李忠简坐床下，野服搭飒，而予参其间。”在他心中，崔与之、李昴英之间是一脉相承的。因追慕崔与之的学问品行，特别是他进退辞受之间表现出来的操守，陈白沙还曾“迎其像，为文祭于家，偶坐瞻仰若弟子之于师者久之”。在这一意义上可以说，“菊坡学派”也是陈白沙“江门学派”的先导。

端平二年（1235年），八年抗金、战功显赫的广东摧锋军思乡心切，提出撤戍回广州不被允许而酿成兵变，叛军自江西经梅州返粤，沿途抢掠，直取广州，广州知州兼广东安抚使弃城逃跑。就在群龙无首之时，年已七十八岁、退居广州崔府街养老多年的崔与之再度出山，登上城头对城外叛兵晓之以理，说明利害祸福，并派李昴英和另一弟子杨汪中坐在箩筐中缒下城墙去说服叛军放下武器，保境安民，解除围困。叛乱平息后，理宗先后任命崔与之为参知政事、右丞相兼枢密使，崔与之七次推辞参知政事，十三次推辞右丞相之位，可见其

崔与之墓

高风亮节。嘉熙三年（1239年），八十二岁的崔与之病逝于广州故里，理宗为之罢朝辍乐，下诏赠少师，谥“清献”，并派遣官员前往增城致祭，极尽哀荣。

旧时的广州有很多和崔与之有关的历史古迹。增城区有崔太师祠、崔与之墓和凤凰亭，越秀区有崔府街，海珠区有崔菊坡祠，白云山有清献祠，祠内有崔与之彩服衣冠画像。后世文人骚客往来凭吊拜谒，留下许多诗词佳作。如今，很多遗迹已经不存，但通过历代吟咏，今人依然能感受到崔与之的流风余韵。

第三节　虚心即道，融通三教：白玉蟾的生命哲思

千古蓬头跣足，一生服气餐霞。笑指武夷山下，白云深处吾家。

这首《自赞》的作者叫白玉蟾，描写的是他心中的自己，活脱脱一个不食人间烟火的道人形象。

宗教人物的身世经常是扑朔迷离的，白玉蟾也不例外。他生卒年不详，大约活动于南宋孝宗到宁宗期间（1162—1224），是南宋新道派金丹南宗第五代祖师，也是该派的实际创立者。原姓葛，名长庚，字如晦，又

字白叟，号海琼子，海南琼州人，一生颇具传奇色彩，是一个具有深厚学养的“文艺”道人，善书画，工诗词，自称“谪仙”，云游四方，交游广阔。他在罗浮山拜道教南宗第四代传人陈楠（俗称陈泥丸，号翠虚子，博罗县白水岩人）为师，修炼道家丹术雷法。继承衣钵后，白玉蟾积极传道，经常往返于罗浮、武夷、龙虎、天台各大名山，足迹遍及南方数省，本着“助国安民、济生度死”的宏愿，制定了清规，建立教团组织。

南宋绍兴三十二年（1162年），白玉蟾上疏奏言天下事，遭阻碍不得上达，颇觉沮丧，醉酒街头，被京兆尹逮住，关了一宿才释放。朝中有人议论他是“左道惑众”，遂被逐出京师。从此以后，他时隐时现，或深居写作，或托死云游，来去无踪。但凭借过人的才华、奇特的个性，他在当时的士人圈子中颇具名气。

“心通三教，学贯九流”是宋代思想的通行风格，白玉蟾也善于将各家思想融会贯通，为己所用。他远承

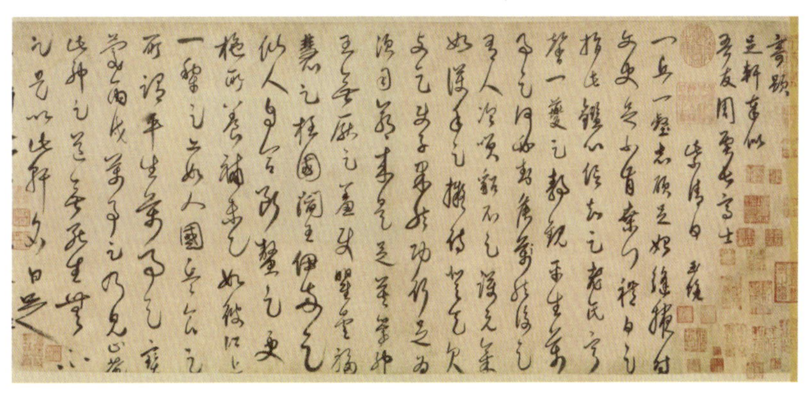

白玉蟾书法《足轩卷》，笔势清劲爽健，有晋人风度，藏于北京故宫博物院

北宋张伯端开创的内丹清修传统，开出“即心即道”的道教心性学。他以禅学解《老子》，发挥禅道融合之特色，同时他敬仰朱熹，认同“正心诚意”的理学思想，是融摄三教的宗师级人物，他的著述被后人编为《琼琯白真人集》，其中多为诗偈辞章，反映了他以文墨传道的特色。

南宗丹道的基础理论就是“以身为坛炉鼎灶，以心为神室”，将炼精化气，炼气化神，炼神还虚作为修行的核心，掺入了理学与禅学，并加以发挥。通俗而约略地说，精是人体的物质，气是生命的能量、活力，神对应于思虑意识，整个修炼过程就如同启动自身心理、生理系统的自我改造与升级。白玉蟾把修炼的过程逐步分成炼精、炼气和炼神三关，从凝神聚气入手，重在炼神修性。丹法以“忘”字为诀窍，初关炼形要“忘形养气”，中关炼气要“忘气养神”，上关炼神要“忘神养虚”。在内丹理论上他的重要贡献是提出“心与道合”论，把虚心看作是修道的契机，强调“无心则与道合，有心则与道违”，“人能虚心，道自归之”，反复阐发了以心修道的观点。

抛开宗教的神秘外饰，白玉蟾对生命的慧悟哲思也是独具一格的。生命哲学的首要问题是死亡。人类从古到今都无法回避、克服“死亡”本身，但作为一种观念，“死亡”却可以被理解、超越。宗教哲学提供了丰

白玉蟾画像

富的安顿生死的智慧。

白玉蟾常常在诗词里感叹生命的短暂无常：“世事如电沫，人生如云萍”，“念镜中勋业，韶光苒苒，樽前今古，银发星星”。在他看来，俗人在世就是一种沉沦，死亡就是一切的终结，修道之人要以这种迫切感鞭策自己珍惜光阴，精进修持：

> 回首前程路，青春不再来，光阴莫虚度。他日块视人寰，眼卑宇宙，骑白云，步紫极，始自今日。勉之勉之！（《学道自勉文》）

白玉蟾还运用庄子的“齐死生”来破除对生命的执恋。他指出：“贪生恶死，人情之常，苟未能齐死生，孰能忘其死乎？惟其一念尚存，所以不能解脱故太上度生之意，先破其恶死之念。”如果世人能以“齐死生”来平等对待生死，“视死之日，如生之年”，“尸解飞升总是闲，死生生死无不可”，“视死如夜眠，几度空搔首”，那么就能消除对死亡的恐惧。

怕死固属庸人自扰，贪生更是徒劳无益，特别是追逐于名利场，享受钟鼎玉帛等荣华富贵，在白玉蟾看来只会使人心神不宁，消耗生命。唯有栖身于泉石丘壑、烟霞松竹的自然中朝暮修行，自在悠闲，才能达到超凡脱俗、清虚寂静的境界。因此，从修身养性的角度来看，世人如要修道，最好是回归大自然。当然，清静的修行也可把红尘俗世当作道场，关键还是取决于自己是否有豁达自足的心境。在《快活歌二首》等诗歌中，他用通俗、传神的文字表达世俗修道的观念，即人活在世上，只要对任何事情想得开、放得下，随遇而安，过得洒脱，无拘无束，能吃能喝能睡能游吟，就是“活神仙”了。他自己呈现在世人面前的，也经常是这种行游世间的游仙形象：

破衲虽破破复补，身中自有长生宝。柱杖奚用岩头藤，草鞋不用田中藁。或狂走，或兀坐，或端坐，或仰卧。时人但道我风（疯）颠，我本不颠谁识我。热时只饮华池雪，寒时独向丹中火。（《快活歌二首》）

这种洒脱豁达的心境源于一种超越的信念的支撑，即将人放到自然的运行演化中去看待，白玉蟾为我们描绘了这样一种宇宙生成图景：

君不见，虚无生自然，自然生一气。一气结成物，气足分天地。天地本无心，二气自然是。万物有荣枯，大数有终始。会得先天本自然，便是性命真根蒂。《道德》五千言，《阴符》三百字。形神

与性命，身心与神气。交媾成大宝，即是金丹理。（《大道歌》）

在这个宏观图景里，虚无的“道”是永恒不灭的生命本源，开显分化成一气乃至于天地万象。顺着这个规律，生命都有枯荣始终，但唯独人可以通过修习《道德经》《阴符经》等经典，逆向地让有限的生命往回走，不断地自我转化，最终回归原始的、无限的终极实体——道，从而悟得一种自我实现的永恒感：

生我于虚，置我于无，我本虚无，因物而有。苟悟乎此，可以了万世于一电，括大千于粒粟，纵赤子于大方……有能穷一气之根，掣造物之肘，则虽天、地、水、火、山、泽、风、雷，吾皆得与之俱化，夫何悲欢之有？（《蛰仙庵序》）

大道是超越虚无的，因此具有无限的包容性，一切形式上的宗教都可统合于道，而心又通于道，故三教又可统合于一心，所谓“天下无二道，圣人无两心”。在白玉蟾那里，孔子、老子与释迦牟尼的学说是相通的，没必要去分清彼此，只要能取得自我实现的成果就可以了。

本着三教一致的精神，他从儒家借用孟子“养浩然之气”来比喻炼气养神，所谓炼气就如以孟子的浩然之气充满全身，仁义礼智信五气充满全身，也就意味着五德全备，这就是气全则神至的内丹之理。理学家在《大学》中最重“正心诚意”，白玉蟾也认为：

> 所以启修仙学道之路，从而建正心诚意之门。大道独超乎生死，至诚可回于造化。存乎诚而合道，得是道者皆诚。（《陈情表》）

他把“道”与儒家的“诚”相提并论，并且合而为一，即得道者皆为有“诚”之人，如没有心念之“诚”，就得不到“道”。

白玉蟾受禅宗的影响就更明显了。他著有《蟾仙解老》一书，“语意多近禅偈”，用禅语来注解《道德经》，力求佛老互证。他模仿南宗摒弃烦琐的渐修方法，代之以简捷的顿悟，并提出一种简易的工夫：“终日无思虑，便是活神仙”，“法法皆心法，心外别无法”，“至道在心，心即是道”。这些心性修养方法，在本质上与南宗禅法的“无念为宗”“即心即佛”并没有很大的区别。

道是相通的，但教法又各有特点，白玉蟾精辟地概括为：“孔氏之教，惟一字之诚而已；释氏之教，惟一字之定而已；老氏则清静而已。”从汉代牟子到唐代惠能再到宋代白玉蟾，求同存异、宗教融通始终是岭南

利玛窦画像

学术思想里强而有力的主旋律。明代末年耶稣会的传教士利玛窦（1552—1610）入华传播天主教，第一站就是岭南。在肇庆遭遇到多方挫折后，他在韶关开始采取文化适应策略，换上儒家冠服，用拉丁文翻译“四书五经”，积极融入儒家士大夫群体，推动“儒耶对话”，也可理解为这种融通之主旋律的回响吧！

第四节　理学衍流，遗民孤忠

20世纪著名史学家陈寅恪曾说：“中国自秦以后，迄于今日，其思想之演变历程，至繁至久。要之，只为一大事因缘，即新儒学之产生及其传衍而已。”新儒学即宋明理学（又称道学），深刻影响了近世中国乃至东亚达八百年之久，形成了思想史上的“理学”时代。

理学以儒家为主体，旁摄佛道两家的生命智慧，回归原始儒家经典中寻求思想资源，重建宇宙本体论和心性修养学说，探求超越于世间秩序之上的终极依据。理学把汉唐注疏五经的章句传统变为讲求“四书”（《论语》《孟子》《大学》《中庸》）义理，讨论天理与身心性命修养问题的传统。相应于佛、道的成佛成仙，理学的终极目标是成圣成贤，让天理在身、心、家、国呈现出来，以缔造理想的社会道德秩序，故标榜所学是

“圣贤之学”“天道性命之学”“内圣外王之道”。理学也是一场社会运动，理学家热衷于建立书院，刊印书籍，传承圣贤之道。他们还积极投身于乡土教化，在民间办讲会，行乡约，以礼化俗，将儒家精英文化下移到庶民生活。

理学内部各有流派，以理学家的活动地域划分，就有周敦颐的“濂学”、二程（程颢、程颐）的“洛学”、张载的“关学”、朱熹的“闽学”，还有胡宏的“湘学”、陆九渊的“江西之学”。很多流派都在岭南得以承传，不少理学家在岭南留下过他们的足迹。

岭南的理学源头，一般都会追溯到“道学宗主”周敦颐。他曾任广南东路判官，提点刑狱，治事于韶州。任期逾五载，周敦颐“以洗冤泽物为己任”，不惮劳苦，虽瘴疠险远，也亲自前往勘察。他在连州大云岩、德庆三洲岩、肇庆七星岩等处都留有题刻，路过潮州时，还作诗暗讽韩愈与大颠的交往有失儒者礼节：

> 退之自谓如夫子，《原道》深排佛老非。不识大颠何似者，数书珍重更留衣。（《按部至潮州题大颠堂壁》）

周敦颐画像

理学真正扎根岭南，还要等到宋室南渡之后，那时，地方官员纷纷建立书院，崇祀先贤，刊印书籍，以理学思想来推行教化。如乾道六年（1170年），韶州知州周舜元在州学东边建濂溪祠祭祀周敦颐，并以二程配祀。淳熙十年（1183年），朱熹的弟子廖明德任韶州州学教授，重建了濂溪祠，还请了朱熹作祠堂记，聚徒传周氏学说。庆元四年（1198年）他任潮州通判时，经常给下属和庠校师生讲学，让百姓在农闲时习礼仪，刊行《朱子家礼》和二程著作。东莞知县许巨川得程朱心传，用朱子《小学》启迪童蒙，天天给童生讲授《论语》《中庸》中精妙的道理。周敦颐的族孙周梅叟任连州教授，将周敦颐的《太极图》《通书》刊于学宫，任潮州知州时还建了元公祠，奉祀周敦颐、二程、朱熹。淳祐六年（1246年）广东提刑杨大异把韶州提刑署内的濂溪祠改建于相江，称濂溪书院，以二程、张载、朱熹配祀，宝祐二年（1254年），赐额“相江书院”，成为广东宋代规模最大的书院。作为理学开山始祖的周敦颐，对广东学风标向有实质性的影响，当地也逐渐产生了本土理学学者。

比如南海简克己、高要黄执矩，师从湖湘学派的张栻。张栻（1133—1180），字敬夫，号南轩，幼承家学，从学于湖湘大儒胡宏，追承二程洛学，长期定居衡阳，后来他执掌的“湖湘学派”足以和朱熹的“闽学”分庭抗礼。简克己从小学习科业，后来厌弃，远游湖南，师事张栻数年，讲性理以真知实践为事功，被老师称为“精确有守”，得师真传后就返回广州，杜门谢客，不轻妄与人交往，乡邑因为他的德行而对他礼敬有加。简克己热切启迪后进，经常坐在门塾，看到里巷求学子弟经过，必招呼过来考询所学，举《论语》《孟子》要语为年轻人讲解。对通习经典的就“抚而奖之”，不通者“辄加警诲”，比他们的父亲、老师还要勤于督促。读书人都尊称他为“简先生”。黄执矩，字才用，质朴有古风，早厌科举之文，向往濂洛之学，于是北上从学张栻，讲明正道，参订《中庸》《大学》奥义，训诲后进。

洛学（二程）的传人则有东莞人翟杰，本性敦厚，躬行孝悌，认天理为宗，一直想去福建求学于程颐著名的门人杨时，但顾念百岁老父，未敢远离，只好写信和杨时的弟子罗从彦讨论学问。南宋建炎年间（1127—1130），罗从彦任博罗（今广东惠州博罗县）主簿，在惠州创办了丰湖书院。翟杰遂往博罗，与罗从彦会面就正，识与不识者皆推他为“有道君子”。绍兴五年（1135年），翟杰考中进士，曾出任化州司户，数年间政通人和，百姓建生祠奉祀。退休后在家乡建桂华书院，传播二程洛学。

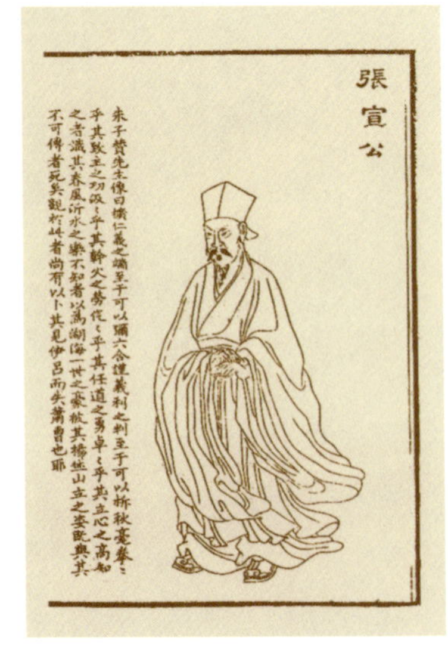

张栻画像

又有潮阳郑南升（字文振）、揭阳郭叔云（字子从），常年受教于朱熹。朱熹（1130—1200），字元晦，号晦庵，后世尊称为“朱子”。他一生勤思力学，

朱子画像

著述丰赡，继承孔孟道统，以二程理学为宗，融合了北宋诸儒的学问，构建起博大精深的理学体系，在宋儒中造诣最深、影响最大。郑南升颇受朱子赏识。朱子说："文振看文义看得好，更宜涵泳"，"文振说文字，大故细"。朱子又教诲其余门人要学习郑氏不惮追问的精神："看文字须以郑文振为法，理会得便说出，待某看甚处未是，理会未得，便问。"一时同门皆尊礼郑南升。郑、郭二氏分别著有《晦庵语录》《朱子蒙谷宗法》弘扬师教，又在乡里以礼仪规训族人，被称为"南宋一代，潮海之醇儒"。

理学中另外一支派——心学在岭南也颇有声望。陆九渊（1139—1193），字子静，号存斋，抚州（今江西临川）人，讲学于贵溪象山，世称"象山先生"，学者常称其为"陆象山"。陆象山为学讲求先"发明本心"，善于启导、唤醒人的道德主体意识，他开创的心学体系足与朱子相颉颃。

陆象山在岭南的传人是陈去华，南海（今广州市）人。他初入师门时，象山问他："《论语》里面孔子'吾与点也'这一段，如何理会？"他回答："理会未得。"问了几次，他还是如前所答。象山要求他必须回答，他说："子路、冉有、公西华这三子只是事上体会到，但曾点却在这里（指本心）体会到。"象山大为惊讶，质问他："刚才你说理会不得，怎么现今又却理会得？”陈去华顿有省悟。陆象山对他的评价是：“去华方是一学者。”陈去华回乡后，开馆授徒。其时，简克己已在广州讲学多年，传授南轩（张栻）之学，被称为“南方之学”。自陈去华回来后，风气大变，广州学者多讲象山之学，学人称作“北方之学”。

宋元易代之际，岭南士民竭忠尽智，勤王拥宋。理学修养甚深的名臣文天祥在粤东负隅抗元，兵败，在海丰县五坡岭被俘虏。1279年，他目击山河破碎，以名作《过零丁洋》明志。崖山海战之时，他被押到崖海，目睹宋军覆灭，悲痛地用诗歌记录过程——《二月六日，海上大战，国事不济。孤臣文天祥坐北舟中，向南恸哭，为之诗曰》：

一朝天昏风雨恶，炮火雷飞箭星落。谁雌谁雄顷刻分，流尸漂血洋水浑。昨朝南船满崖海，今朝只有北船在。

在儒家这种忠烈精神的感召下，许多岭南百姓追随宋军在最后的海战中以身殉国。入元之后，不少读书人又坚守清节，自甘做旧朝遗民。比如潮阳周伯玉，面对当局屡次举荐，他说：“吾读圣贤书，肯北面胡虏乎？”再如潮阳海门张奂，潜心理学，拒绝县令请求其出仕的邀请，宁可隐居莲花峰，过着清贫的耕读生活，被当地人尊祀为“理学儒宗张鲁庵先生”。

或曰：“崖山之后无中国。”这段奋蹈于岭南的孤忠气节，却沉淀在民族心灵深处。两百年后的明代成化年间（1465—1487），崖山建起大忠祠、慈元庙，表彰先烈，自此每当鼎革易代之际，或是国族板荡之时，这里总会引发无数后人登临凭吊，发哀古警今之思，明代的陈白沙、李东阳，明清之际的钱谦益、陈子壮、陈邦彦，近代的田汉、陶铸、郭沫若，都留下了大量吊古佳作。崖山所昭彰的千秋大义总一次次被唤起，这正说明了岭南理学沾溉之深远。

南宋遗民张奂的坟墓，位于潮阳莲花峰，墓碑上刻着“宋处士理学儒宗鲁庵张公墓”

第三章

大放异彩：明代的岭南思想

明朝永乐年间（1403—1424），朝廷汇编经传，按照理学的标准，编修了《五经大全》《四书大全》《性理大全》，诏颁天下，朱子学定于一尊，成为天下人共宗的官学。任何一种思想一旦被高度意识形态化，都必将面临蜕变的厄运。在风光背后，朱子的思想日益沦为谋求功名利禄的工具，僵化成一种脱离身心的“死学问”，有精神追求的士子普遍感到了朱子学标榜的“天理”所带来的独断与压抑，于是另辟蹊径去探求成圣成贤的出路。

突破这种沉闷僵局的第一人，正是成化年间（1465—1487）岭南陈献章（号白沙），他通过静坐，悟到学须从“自得”中来，于是独立门户，创立了江门学派，激发了明代思想的转折。后继者湛若水提倡“随处体认天理”，光大师门，与浙江余姚的另一思想巨擘王守仁（号阳明）共同倡导圣贤之学，在学界中有“广宗”与“浙宗”之称，掀起风动天下的心学思潮。

导源于陈白沙、湛若水师徒，光大于王阳明的心学，是明代思想史的最大亮点。与这股思潮相关的思想家中，不乏岭南人的身影。比如以揭阳薛侃为首的粤东士人，继承王阳明的学问，使阳明学在岭南扎根。为维护朱子学的正统地位，不少学者挺身而出，香山黄佐、东莞陈建就是抵制心学的阵营里杰出的代表，还有虽归宗白沙但又不满心学的儒者唐伯元，也是当时学界颇有分量的人物。从思想的激烈交锋中，我们可见当时岭南思想界活跃、多元而独特的格局。

得益于这种多元的儒学思潮濡染，岭南的文教有了空前的发展。据统计，明代广东进士达800多人，相比前朝不仅人数上加速增长，范围上也有所扩大，跻身于全国中等水平，其中广州府和潮州府进士的数量遥遥领先于其他各府，并出现大量的进士世家。受到理学家讲学热忱的鼓动，士大夫们积极在山林里营造书院，形成以南海西樵山、惠州罗浮山、潮州桑浦山为据点的讲学群体，汇聚成一股强势的讲学风尚，使得岭南与江南、关中一并成为中国三大讲学中心。

明代中期以后山海寇乱频仍，岭南深受其扰，地方社会的动乱激起儒家士大夫的现实忧患意识，他们或为安定社会秩序出谋划策，或全身心投入到经世教化实践中。无论是归宗白沙、阳明心学，还是信奉程朱理学，他们都一致怀揣着强烈的岭南地域意识，热心倡行乡约，经营宗族，以礼化民，致力于乡土社会建制，构建起特色鲜明的华南宗族社会传统，惠泽至今。对于这些士大夫而言，把思想运用到现实中，既是淑世化俗的儒者之天职，也是儒家由“内圣”开出“外王”的必然要求。

总之，明代的岭南是一个大放异彩的地域，涌现出了一批有全国影响的文人学士，才思之锋芒，著述之丰赡，超迈于前朝。正如屈大均所说，广东的文明“始然于汉，炽于唐于宋，至有明乃照于四方焉。故今天下言文者必称广东”（《广东新语》卷十一）。

第一节　丘濬及其经世致用之学

孤悬海外的海南岛上有座峰峦叠翠的五指山，有诗《五指参天》这样描述：

五峰如指翠相连，撑起炎荒半壁天。夜盥银河摘星斗，朝探碧落弄云烟。

雨余五笋空中现，月出明珠掌上悬。岂是巨灵伸一臂，遥从海外数中原？

这首诗意境宏阔，想象奇诡，描绘了五指山高峻、秀丽的景色，因而为人所称道。全诗大意是说，五峰犹如五指连绵起伏，撑起海南的半壁江山。这只巨手夜晚在银河采摘星辰，早晨在天空逗弄云霞。雨后犹如玉笋一般在天空若隐若现，升起的月亮好比明珠悬挂其上。难道这是神灵伸出的手臂，远远地在海外指点中原大地？令人惊叹的是，这是一首神童诗，作者正是本节的主人公丘濬，那一年他才六岁。

丘濬画像

丘濬（1421—1495），字仲深，号深庵，广东琼山（今海口市琼山区）人，世称琼山先生或琼台先生。丘濬自幼天资聪颖，勤奋好学，史书记载“家贫无书，尝走数百里借书，必得乃已”。读书求知的嗜好，他保持终身，“至年老，右目失明，犹披览不辍”。他也曾自言：

> 予自幼有志于学，凡身之所至，耳目之所见闻，心思之所注想，苟有益于身心，有资于学识，有可用于斯世斯民者，无一而不究诸心焉。（《琼台诗文会稿》卷十五）

可知，丘濬好学深思，不是为了读书而读书，而是希望有益于身心修养，有助于丰富学识，有利于家国百姓。在丘濬看来，学以致用、利国利民才是读书为学的真正目的。

景泰五年（1454年），丘濬高中进士，随后被选为翰林院庶吉士。在翰林院深造的这几年里，丘濬一边博览国家珍藏的善本典籍，一边参与编纂《寰宇通志》《英宗实录》《大明一统志》等，度过了丰富充实的读书著述生涯。《槐阴书屋记》这样描写：

> 予日居其间，翻阅书史，口诵心惟。凡古圣

贤所以用心而著于书，古帝王所以为治而具于经史者，与夫古今儒生骚客，所以论理道，写清景，而寓于编简者，皆得于此乎，神交梦接之，而肆吾力焉。（《琼台诗文会稿》卷十九）

一如年少时的志愿，丘濬广泛阅读经史著作，试图体察古圣先贤的著述意图，更希望学习圣主明君的治国之道。常言道，读书以明志。丘濬一以贯之的志向，便是经世致用。正如《愿丰轩记》所说：

予少有志用世，于凡天下户口、边塞、兵马、盐铁之事，无不究诸心意，谓一旦出而见售于时，随所任使，庶几有以藉手致用。及登进士第，选读书中秘，即预修《寰宇通志》，又于天下地理远近，山川险易，物产登耗，赋税多少，风俗孅恶，一一得以寓目焉，是时年少气锐，谓天下事无不可为者，顾无为之之地耳。既登名仕版，旦暮授官，可以行吾志矣。（《琼台诗文会稿》卷十九）

丘濬博览群书之时，尤其关注天下的山川、物产、风俗、人口、赋税、盐铁、兵马、边塞等实际事务。他时刻关注国计民生，期待朝廷委任实职，真正做一番事业。早年的这些经历和积淀，为他日后成为“中兴贤辅”打下了坚实的基础。

此后，丘濬可以说是平步青云，先后出任翰林院编修、翰林院侍讲、国子监祭酒、礼部尚书、文渊阁大学士等要职，并著有《朱子学的》《家礼仪节》《大学衍义补》等皇皇巨著。这些著作都与朱子学说有直接关联，广泛涉及政治、礼乐、财经、法律、军事、伦理等方方面面，对后世影响极为深远。

天顺七年（1463年），丘濬仿效《论语》体例，择取朱子学说的要旨汇编成《朱子学的》，希望为初学者提供简明而实用的为学方向。之所以命名为“学的”，丘濬说：

> 名以学的者何？学以圣人为的。龟山杨子之言也，而朱夫子于《中庸或问》论中和位育处，亦以是为言。喻学者之必志于圣贤，亦如射者之志于中的也。（《朱子学的》）

“学以圣人为的”，这句话出自程子的弟子杨时之著作，朱熹也赞同此说。丘濬期望学子要学为圣人，如同射箭之人努力射中靶心，学习之人也要立志成为圣贤。

《朱子学的》依照内容性质可分为上、下两卷，各卷又细分为十个篇目，加起来共20篇。上卷以“下学”

开篇，下卷以“上达”开篇。正如孔子所说，“吾学下学而上达”，“下学”人事而“上达”天理。因此，儒者尤其重视读书方法和学习次第。从内容上来看，《朱子学的》主要涉及为学之道、治学之方、仁义礼智、天道性命、礼乐教化、知行关系、经世之道、理想政治等。可以说，《朱子学的》的选取标准和编排次第，出自丘濬的精心设计。在丘濬看来，读书为学有法可循，初学者需要遵循由近及远、由浅入深、由下而上、由事达理的次序。立足于现实的人事、事务，循序渐进，下学而上达，才能达至治国平天下。这正是朱子学的精髓所在。《朱子学的》的出现，在明代朱子学史上具有划时代的意义。我们知道，当时的朝廷推尊朱子，编撰刊印了大量的朱子著作，科举取士以朱子学为标准，但其实表盛里衰，重量轻质，朱子学的精义，反被朱子著述的数量和尊朱式科举用书的粗滥所掩盖。《朱子学的》正标志着朱子学者对如何传授朱学精义这一老问题的新认识。

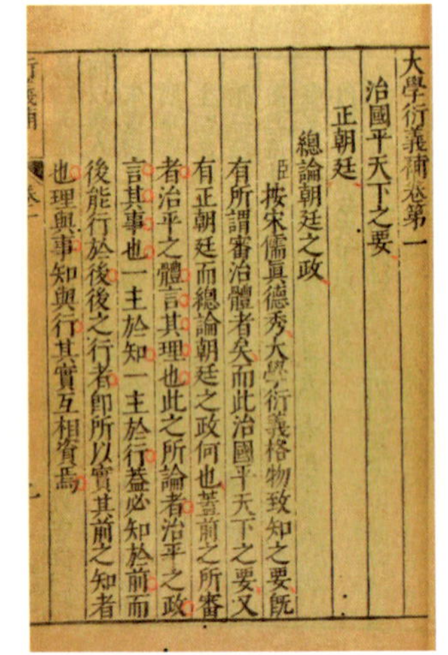
大學衍義補卷第一
治國平天下之要
正朝廷
總論朝廷之政
臣按宋儒真德秀大學衍義格物致知之要既
有所謂審治體者矣而此治國平天下之要又
有正朝廷而總論朝廷之政何也蓋前之所審
者治平之體言其理也此之所論者治平之政
言其事也一主於知一主於行蓋必知於前而
後能行於後後之行者即所以實其前之知者
也理與事知與行其實互相資焉

《大学衍义补》书影

成化六年（1470年），丘濬的母亲病逝，丘濬返回琼州守丧。在居乡期间，丘濬深感礼仪教化的重要性。所谓“礼之在天下，不可一日无也。中国所以光于四表，人类所以灵于万物，以其有礼也”（《家礼仪节》）。虽然朱熹《家礼》是经久不衰的礼学经典，但其却因为较为深奥，未能真正在乡里施行。于是，丘濬参考司马光的《书仪》，以及二程有关礼仪的论述，对《家礼》进行考订和删补，从而有了《家礼仪节》一书。丘濬希望通过自己的解读和修订，使《家礼》真正适用于平民百姓，从而达到正风俗、正人心的目的。

成化二十三年（1487年），明孝宗登基，丘濬进献凝聚毕生功力的《大学衍义补》一书，期望为孝宗治国理政提供参考，以实现国家社会的长治久安。

顾名思义，《大学衍义补》是补充朱子后学、南宋理学家真德秀（1178—1235）《大学衍义》的著作。在丘濬看来，《大学衍义》虽阐述了格物致知、诚意正心、修身齐家的要旨，但在治国平天下的层面仍有不足。于是，丘濬“仿真德秀凡例，采辑五经诸史百氏之言，补其阙略，以为治国平天下之要”。可以说，《大学衍义》重在道德教化，期望君王作道德提升；而《大学衍义补》则兼顾理论和实践，为朝廷指出平治天下的基本途径。

具体来说，《大学衍义补》全书以“治国平天下”为纲，增补“正朝廷”“正百官”“固邦本”“制国用”“明礼乐”“秩祭祀”“崇教化”“备规制”“慎刑宪”“严武备”“驭夷狄”“成功化”共12个条目。前两条重点讨论施政原则和任官之道，目的在于有效实施朝廷各部门的职能。“固邦本”主要宣扬“民为邦本，本固邦宁”，强调国家应当重视农业生产，理财应当先养民、富民。“制国用”总论理财之道、贡赋之法以及海外贸易等，具体涉及赋役、税收、屯田、漕运、商业等方面。这两节其实都和国家的经济、财政有关，丘濬结合当时的实际情况，从经济的视角探讨如何解决社会问题，《大学衍义补》因此被经济学家称为“十五世纪中国经济思想中的曙光”。接下来的3个条目（“明礼乐”“秩祭祀”“崇教化”）主要论述礼乐教化，以及礼仪的治国功能。“备规制”详细论述国家的各项规章制度，“慎刑宪”重点讨论司法制度，“严武备”和“驭夷狄”涉及军事、国防等问题，“成功化”描述了儒家的理想政治。总之，《大学衍义补》主要论述的是国家政治制度的问题，并有针对性地提出了改革性建议。

对于《大学衍义补》，孝宗皇帝也认为“考据精详，论述赅博，有补政治”，并下令在书坊刊行。此后，丘濬备受朝廷重视，他尽心辅佐孝宗，君臣齐心协力，缔造了史家所称颂的“弘治中兴”。

丘濬不仅学识渊博，而且政绩斐然，有治国安邦之才。他推尊程朱理学，认为程朱是孔孟儒学的真正继承人。而儒学从来离不开政治，正统儒学本来就是经世之学。因此，无论是为学还是为政，丘濬都以明体达用、经世致用为依归。史学大师钱穆也称许丘濬“不仅为琼岛之大人物，乃中国史上第一流人物也”。

弘治八年（1495年），武英殿大学士丘濬卒于任上，孝宗哀悼不已，赐谥“文庄”，赠太傅，进左柱国，下令归葬广东琼山。纵观平生，丘濬由布衣拜卿相，辅佐帝王治国理政，冥冥之中实现了幼时“遥从海外数中原”的志向。

第二节　陈献章：岭南第一儒的静坐自得之学

陈白沙画像

明代思想的最大亮点在于心学的兴盛，陈白沙、王阳明则为其代表人物，明清之际的学术名家黄宗羲有一著名言论：“有明之学，至白沙始入精微。其吃紧工夫，全在涵养……至阳明而后大。”（《明儒学案》卷五）王明阳是明代心学思潮的集大成者，但黄宗羲认为，早在陈白沙这里，明代学术已在心性修养工夫上转入精微。从某种意义上说，白沙是使得心学走向精微的先行者。

一、早年从学经历

陈献章（1428—1500），字公甫，号石斋，晚号石翁，谥号文恭。他出生在新会圭峰山下的都会村，后迁居江门附近的白沙村，世人多尊称他为陈白沙或白沙子。

陈白沙早年也和当时的读书人一样，苦读《性理大全》这一类的理学书籍，参加科举考试，直到二十四岁、二十七岁两次会试不第之后，他才意识到圣贤的教训不应成为追名逐利的工具，他要身体力行，做一个真正的圣贤。当时，著名学者吴与弼（1391—1469，号康斋）在江西讲学，白沙为了解开自己心中的苦闷，便只身前往临川跟随吴康斋学习。

吴康斋是一个刻苦自励、身体力行的程朱学者，在明代群儒中，闻道最早。他的学问并无师承，完全是于通宵达旦的苦苦思索中得来。他每天天亮便起，披蓑笠，负耒耜，与学生并耕于田中。对于老师的学识见解，陈白沙这样评价："闻其论学，多举古人成法，由濂洛关闽以上达洙泗。尊师道，勇担荷，不屈不挠，如立千仞之壁，盖一代之人豪也。"据说有一次早晨，白沙还没有起床，康斋却已经亲自在簸谷，大声说："秀才若为懒惰，即他日何从到伊川门下，又何从到孟子门下？"

大概是因其旷达豪迈的个性与老师严毅的作风不契合，陈白沙侗师不到半年就返回了广东。当然，他在老师那里并不是完全没有学到东西，后人说白沙"激励奋发之功多得之于康斋"，白沙自己也说：

> 予少无师友，学不得其方，汩没于声利，支离于粃糠者盖久之。年几三十，始尽弃举子业，从吴聘君游，然后益叹迷途其未远，觉今是而昨非，取向所汩没而支离者，洗之以长风，荡之以大波，惴惴焉，惟恐其苗之复长也。（《白沙子全集》卷一）

这段文字很详细地道出了白沙学习的历程。周围的朋友都热衷科举，对圣贤之学不感兴趣，没有同道师友的相互砥砺，求道之人非常容易在求学过程中失去前进的信心与动力。所以，当白沙在吴康斋那里既可以聆听名师的点拨训诲，又有学友可以切磋时，他便不再觉得自己是个孤行者。但是，白沙为什么在不到一年的时间里就毅然返回家乡了呢？

按照陈白沙自己的讲法，他依然“未知入处”。未知什么入处？当然是进入圣贤学问的门户、窍门。白沙通过反思，领会到圣贤的学问与一般的知识性的学问（如记诵章句，写八股文）有很大不同。圣贤的学问是生命的学问，它的门户还不是老师就能带你进去的，因为它要求修道者有真真切切的生命阅历，唯有在此基础上，经过一番冥思苦想，其才能在一片漆黑中见到一点内心投射出来的光亮。对此，后来陈白沙有所说明：

夫学有由积累而至者，有不由积累而至者。有可以言传者，有不可以言传者。……大抵由积累而至者，可以言传也；不由积累而至者，不可以言传也。（《与张东白》，《白沙子全集》卷三）

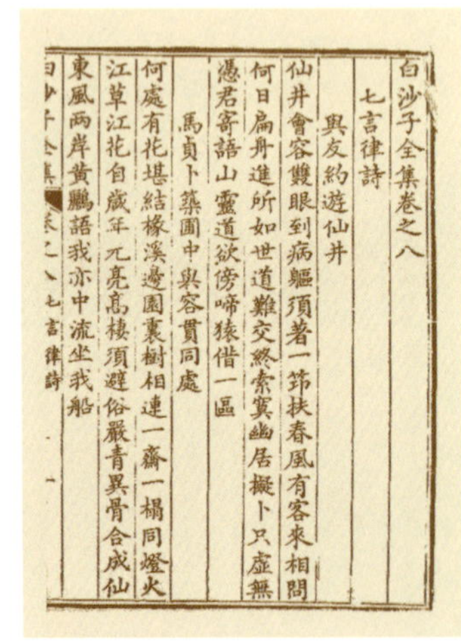

白沙子全集卷之八

七言律詩

與友約遊仙井

仙井會容雙眼到病軀須著一筇扶春風有客來相問
何日扁舟進所如世道難交終索寞幽居擬卜只虛無
憑君寄語山靈道欲傍啼猿借一區

馬貞卜築園中與容貫同處

何處有花堪結椽溪邊園裏樹相連一齋一榻同燈火
江草江花自歲年兀亮高樓須避俗嚴青異骨合成仙
東風兩岸黃鸝語我亦中流坐我船

白沙子全集　卷之八　七言律詩　一

《白沙子全集》书影

陈白沙对学问的不同类型进行了区分，第一种是所谓的“不由积累而至者”，就是不用借助见闻积累的学问，此类学问没办法通过言语来表达或交流。正因如此，白沙当然无法从康斋那里得到。不仅白沙无法得之于康斋，便是白沙本人也无法传给学生，但这才是圣贤学问的本质。第二种是可以通过交流、积累而至的学问。后来湖北李承箕来问学，白沙和他一见面，就“凡天地间耳目所闻见，古今上下载籍所存，无所不语”，他想告诉弟子，学习的内容其实是多样的，并不局限于典籍文章，还包括宇宙星辰、风雨雷电、草木鸟兽之类等感官所及的内容，这些也全都是道之所化、道之所载。那么，我们的感官是如何与天地万物发生交感作用的呢？依白沙的讲法，从根本上是通过我们的“心”。这个“心”既是一个知觉心，更是一个道德心。但恰恰是这个“心”，没法用语言表达，只能自己去体悟：

所未语者，此心之通塞往来之机，生生化化之妙，欲先生（指李承箕）深思而自得之，不可以见

闻承当也。（《白沙子全集》卷一）

白沙要学生好好揣摩的是，真正的圣贤学问，即“心”的学问，入处在哪里。

二、静中养出端倪

既然圣贤的学问不由师传，白沙便只能自己摸索。回乡以后，他遍读诸子百家之书，但还是“卒未得焉”。他自己解释说：“所谓未得，谓吾此心与此理未有凑泊吻合处也。”具体而言，就是书本上的道理太高远，与自己的感受无法真正相契，如果勉强照着做的话，学习者不仅会觉得自己履行道德的动力不足，在精神上也会感到绝望。而这种绝望，又会加深学习者与圣贤的距离感，使其很容易干脆放弃求圣之路，并仅仅把学习当作一种人云亦云的口耳记诵之学，或谋求虚名的工具。总之，心、理不一，不仅是白沙的一贯困境，也是当时钻研朱子学之学者的普遍障碍。然而，功夫不负有心人，在长年累月的用功下，白沙最终找到了最为得力的破障方式——回归内心，闭门静坐。据他自述：

于是舍彼之繁，求吾之约，惟在静坐。久之，然后见吾此心之体，隐然呈露，常若有物。日用间种种应酬，随吾所欲，如马之御衔勒也。体认物理，稽诸圣训，各有头绪来历，如水之有源委也。于是涣然自信曰："作圣之功，其在兹乎！"（《白沙子全集》卷三）

在静坐中，他隐隐约约体验到了一种生机勃发的力量，找到了自我生命的主宰，作为道德的主体的本心彰显出来了，就像驾驭野马有了缰绳，日常中的一切都能应付自如。他自信地宣布：成圣成贤的工夫原来就在这里。之后但凡有学者来学，白沙"辄教之以静坐"，他指出："为学须从静中坐养出个端倪来，方有商量处。……若未有入处，但只依此下工，不至相误，未可便靠书策也。"

在白沙看来，静坐的目的是卸去重担，让人从书本中解放出来，"以我而观书"，"求诸吾心"，使自己成为学问的主人，而不是为学问所缚。这是针对当时学术的功利化、官方朱子学的权威化，以及普遍的心灵窒塞、思想僵固而提出的修正之法。同时，静坐也是识疑、去蔽、涵养的过程，学习者可通过静坐，明天理而消人欲，夯实君子品格的根基。他说："由来须一静，亦足破君疑。敢避逃禅谤，全彰作圣基。"（《偶题》）

总之，静求诸心是成圣的法门。在《书自题大塘书屋诗后》一文中，白沙讲道：

> 为学当求诸心，必得所谓虚明静一者为之主，徐取古人紧要文字读之，庶能有所契合，不为影响依附，以陷于徇外自欺之弊：此心学法门也。

这里的“虚明静一”，就是上面所讲的“隐然呈露，常若有物”的“心之体”，体悟到这个“虚明静一”之心后，读书明理就只是一个印证的过程，因为圣人之心与我之心并没有什么分别，心、理其实是合一的，正所谓“此心同，此理同”。实际上，白沙在自我

江门白沙祠

探索中已逐渐走出朱子学之强力笼罩，在明初僵化的学术生态中辟出了一新径，冥冥中，其已与陆象山同道而行了，这也为心学的重新发展奠定了基础。

三、学贵自得

陈白沙通过读书静坐，闭门修养，以及多年的体验，逐步形成了自己“学贵乎自得”的思想体系。为什么要标揭“自得之学”呢？主要是其对当时的学风不满，他指责说，“今之学者，各标榜门墙，不求自得，诵说虽多，影响而已”，又说“此学寥寥，世间无人整顿得起。士习日见颓靡，殊可忧也”。白沙对此十分忧虑，因此以改造学风为已任。

这种风气其实是科举制度的产物。白沙可说是科举的受害者，其二十岁就中了乡试，排名第九，但之后四次北上京师，三次会试不第，直到四十岁出头才作罢。虽然在太学学习期间，其以一首《和杨龟山此日不再得韵》的五言古诗倾动京城，被誉为是“真儒复出”，从游者众多，但随后其在科场上再次悻悻落败。才华出众的“真儒”和屡试不第的失败者之间形成强烈反差，以至于面对上司亲友的安慰，他竟大笑起来。这一声笑，是内心无奈苦楚的发泄，也是某种深刻的悟觉。尽管之后朝廷屡次举荐，他也曾在出仕与归隐间摇摆过，但他最终还是选择了安居岭南，潜修默行。其与学友们相互砥砺，形成了一种拒仕的风气。通过寻求边缘化的自我放逐，进而将自己的情志、思虑凝聚在高远幽深处，远离学术主流，彻底抛弃俗陋的科第记诵之学，白沙重新回到了自我，找回了圣贤学问的真精神。

在白沙看来，为学不能只靠读书，求取本心的自得自洽更加重要，“学者苟不但求之于书，而求诸吾心，察于动静有无之机，致养其在我者，而勿以闻见乱之，去耳目支离之用，全虚圆不测之神，一开卷尽得之矣。非得之书也，得自我者也”（《道学传序》，《白沙子全集》卷一）。一切的枢纽都在我这里，因此，我们不应让感官所接触到的东西干扰到自己，包括经典里的圣人之言。对此，白沙有一个大胆的讲法，叫“六经皆糟粕”，其目的正是为了唤醒人心，以成振聋发聩之效。但同时我们应注意到，他本人读过大量儒家经典，且在佛道两家的书上也下过功夫。其之所以发出“六经皆糟粕”之言论，是因为他始终认为，真学问的源泉就在心里，唯有自己的内心，才是那“涓涓流水”的真正源头。

在这个意义上，白沙说君子“终日乾乾，只是收拾此（理）而已”。唯一要收拾的，是自己的心。对这一点他有充分的自信，所以他反复强调人的本心要超拔于尘世之上，摆脱一切有形的累赘、牵绊，唯有具备这种超越的心境，观照到的世界才是一个圆满自足、各得其所的美好世界。他这样形容此种心境：

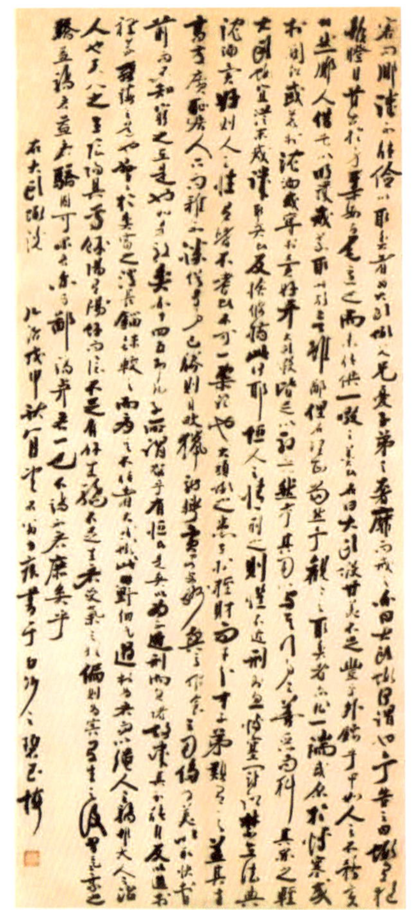
陈白沙草书，藏于北京故宫博物院

> 宇宙内更有何事？天自信天，地自信地，吾自信吾。自动自静，自阖自辟，自舒自卷。甲不问乙供，乙不待甲赐。牛自为牛，马自为马。……人争一个觉，才觉，便我大而物小，物尽而我无尽。夫无尽者，微尘六合，瞬息千古。生不知爱，死不知恶，尚奚暇铢轩冕而尘金玉耶？（《白沙子全集》卷四）

每一个事物都是独立自足的存在，但它们又共同构成一个繁芜而和谐的广阔宇宙，到此境地，心便是自信、自主、自足的，与宇宙一样绝对独立，泯灭了所有差别，不再在乎富贵贫贱、得丧屈伸。理解了这点，也就能明白白沙倡导“学贵乎自得”的用心所在了。

四、以自然为宗

白沙在晚年还喜欢讲“以自然为宗”，所谓自然，即心与理合一，一切都自然而然，不用人为造作。形躯上的“小我”消失了，精神上的“大我”却与天地、四时运化不息，这是宋明理学家所共同追求的道德境界。

他这样描述：

> 以自然为宗，以忘己为大，以无欲为至。即心观妙，以揆圣人之用。其观于天地，日月晦明，山川流峙，四时所以运行，万物所以化生，无非在我之极，而思握其枢机，端其衔绥，行乎日用事物之中，以与之无穷。（《赠张廷实序》，《白沙子全集》卷一）

这篇赠序虽然是讲他弟子张廷实的学问风格，但其实也是陈白沙的夫子自道。白沙六十七岁时，湛若水来求学，他又告之以“学者以自然为宗，不可不着意理会”（《白沙子全集》卷三）。白沙对于“自然”有过非常生动的描述：“天命流行，真机活泼。水到渠成，鸢飞鱼跃。得山莫杖，临济莫喝。万化自然，太虚何说？绣罗一方，金针谁掇。”（《示湛雨》，《白沙子全集》卷六）这里所描述的“水到渠成，鸢飞鱼跃”，当然是一种自然的景象，并非人力所能及。白沙写这诗的目的并不是要对自然界进行描绘，而是将其作为一种对心境的诗意譬喻，启导学生去自我体悟。

水阔凭鱼跃，天高任鸟飞，这种美妙的自然景象，确实让人有天机活泼、自由自在的感受，也会激发出人内心自然而然的快乐，他告诉湛若水说：“此学以自然为宗。承谕近日来颇有凑泊处，譬之适千里者，起脚不差，将来必有至处。自然之乐乃真乐也。宇宙间复有何事？”总之，陈白沙要在不遗忘而又不刻意间，不造作地让天理从心中流出，并沛乎宇宙天地，而这便是自然之学。黄宗羲对此曾有精辟的点评：“先生学宗自然，而要归于自得。自得故资深逢源，与鸢鱼同一活泼，而还以握造之枢机，可谓独开门户，超然不凡。”

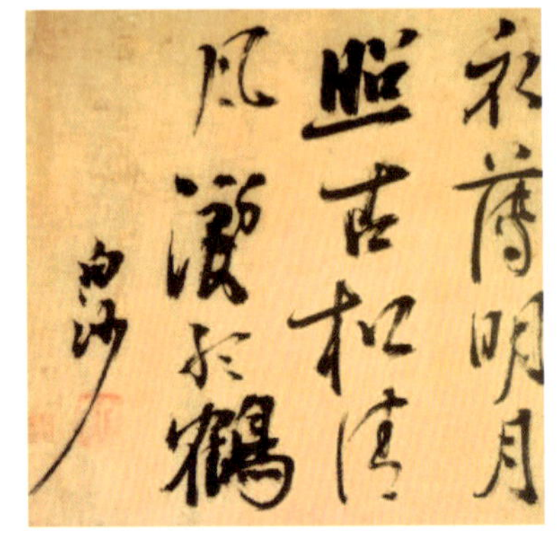

陈白沙行书手迹

超悟高远的人格气象，四无依傍的独立精神，化繁为简的为学风格，让白沙声名鹊起，以至四方学子纷纷前来求学，他们为当时的学界注入了一股清流，“出其门者，多清苦自立，不以富贵为意，其高风之所激，远矣”。但同时白沙也遭到诸多批评，比如有的人批评他的心学其实是禅学，有的人则认为他只会说豪杰般的大话，没有扎实的功底，还有人嘲讽他屡荐不起，太过玩世不恭，败坏了名教的声誉。

其实这些质疑对白沙来说，并没有太大说服力。他曾经说：“文章、功业、气节，果皆自吾涵养中来，三者皆实学也。”（《书漫笔后》，《陈献章集》卷一）他本人何尝没有文章、功业、气节？

确实，由于“绝意著述”，白沙留下的系统论述的文字不多，但他诗兴极高，写的两千多首诗尽显性情，真挚朴实，直指道妙，其在五言、七言诗上均取得相当的成就。明代中期的文坛领袖李东阳曾言白沙之诗“有风致”，如这首受历代选家青睐的《桃花》：“云锁千峰午未开。桃花流水更天台。刘郎莫记归时路，只许刘郎一度来。”此诗巧妙地使用了东汉时期刘晨、阮肇的典故。表面上似乎在说，像刘、阮这样误入深山，为仙女所留的仙履奇缘，在人间只能实现一次。实际想表达的却是，人世间的富贵荣华、桃花流水，也莫不可作如是观。愚者自迷，只有通达的人才能勘破这“一度”的虚妄和美妙。而嘉靖年间（1522—1566）的大诗人杨慎则认为：“白沙之诗，五言冲淡，有陶靖节遗意。”其欣赏的是白沙的五言诗，如《社西村》：“结茅依里社，村以社西名。客至惟谈稼，年衰不入城。邻鸡上树宿，水鹤傍人鸣。向晚寻牛去，前冈笛又轰。”此诗纯以白描记录农家生活，又得自然之趣，确是陶渊明的风格。白沙还擅长用诗来教导学生，如《赠陈秉常》：“我否子亦否，我然子亦然。然否苟由我，于子何有焉？”此诗也许少了些“诗味”，但能以如此浅白、精炼的语言表达“学贵知疑”的主张，也足可见白沙之功力。

在功业上，白沙虽有翰林院检讨的头衔，但他实际上并没有去任职。其在长年居乡期间经常主动配合官绅，做了大量乡里建设工作，如协助县令丁积倡行乡约，改造风俗，写文章表彰孝子节妇，聚集同仁讲学传道，推行儒家正统教化。弘治年间（1488—1505），白沙在崖山倡建大忠祠和慈元庙，祭祀南宋文天祥、陆秀夫、张世杰三位文武忠烈，以及宋少帝、杨太后。他还多次登游崖山，抒写诗文碑记，咏叹忠节正气，如《祭大忠祠》：“天地神祠此大忠，百年舟楫更谁同？苍崖不是无春色，吹尽斜阳一笛中。”他这种对世教纲常的特殊关切，绝不能被扣上“禅学”的帽子，而是实实在在的儒家圣贤之学。

陈白沙在教学和培养学生方面喜欢以譬喻启发、引导学生，他认为那些圣人的经书、先儒的言行，必须玩味、消化一番，才能使学习者得益，这种自由开放的学风，在他门下的弟子中得到继承发扬。他的入室弟子近两百人，广东籍的占绝大多数，很多都不事科举，散落在各地乡里，隐逸潜修，教化一方，形成了所谓的“江

陈白沙墓，位于江门市蓬江区杜阮镇皂帽山

门学派”。比较重要的学生有东莞林光、南海张诩、湖北李承箕和增城湛若水，湛若水后来继承衣钵，自成一家，与王阳明分庭抗礼，下一节有专论。张诩、李承箕更多地继承了白沙身上高旷的文人气息，擅长诗文，思想创见不多，兹不详谈。

林光（1439—1519），字缉熙，号南川，东莞人，传世著作有《南川冰蘖全集》。他早年就跟随白沙，资历甚深，提出“夫学莫贵于能疑，能疑必生于能思”，“思之不深，则所以无疑也”（《与王绾秀才书》，《南川冰蘖全集》卷五）。他也非常重视“自得”，认为“古之善为学者，深造自得”（《福建乡试录序》，《南川冰蘖全集》卷二）。又认为“人之所以贵于学者，为闻道也。所谓闻道，在自得耳。读尽天下书，说尽天下理，无自得入头处，总是闲也”（《奉庄定山》，《南川冰蘖全集》卷四）。至于为学的方法，他认为关键在善学善养，所谓“吾人之学，毫厘之间不厌于精细讲求也……未得则存之、养之，积之已久”（《答何时矩书》，《南川冰蘖全集》卷四）。他在这里主张为学不能丝毫放过，要精细讲求，在内心未有所得的情况下，先做涵养深造的工夫，这种为学进路，可以说完全继承了师门真传，受到白沙的高度肯定，白沙说他“认得路脉甚正”，“所见甚是超脱，甚是完全”。

弘治十三年（1500年）二月，年迈的陈白沙自觉快走到了人生尽头。有天大清早，他穿戴上朝衣朝冠，让子弟扶掖着，面向北方焚香，行五拜三叩首礼，表示向朝堂之上的君王辞别，他还写了一首绝笔诗向这个世界告别："托仙终被谤，托佛乃多修。弄艇沧溟月，闻歌碧玉楼。"几天之后，他便在家中安静离世，享年七十三岁。

八十四年后的万历十二年（1584年），朝廷下诏告知天下，白沙入祀孔庙，并被誉为"圣代真儒""岭南一人"，他成为岭南历史上第一位，也是唯一入祀孔庙的儒者。

第三节　湛若水：随处体认天理

湛若水画像

湛若水（1466—1560），陈白沙江门学派的继承者，将白沙"静中养出端倪"的思想，转化为"随处体认天理"的修身工夫，继承和发展了岭南心学，与同时代的王阳明共同兴办讲会，倡扬心学，在当时与后世的学界皆有举足轻重的影响。单就岭南区域来讲，湛若水当时在南海西樵山、广州增城、惠州罗浮山、韶关等地遍建书院，长期活跃于地方讲坛，对岭南文化教育的发展，其功甚伟。

成化二年（1466年），湛若水诞生在岭南一个美丽的水乡——沙贝村。湛若水，初名露，字民泽。因避祖讳，二十七岁时改名雨，到了四十岁的时候才开始定名为若水，因为居住在增城甘泉都，当时学者称呼他为甘泉先生。

一、江门嫡传

湛若水生长在农家，幼年时家境困顿，到了十四岁才开始进入村中的私塾读书，十六岁才到广州开始他早期的学习生涯。湛若水之所以迟迟未能上学，是因为他家中接二连三发生不幸的事情。他的父亲因为性格耿直，喜欢打抱不平，得罪了当时的一些乡绅和恶霸，遭到陷害入大狱。家里的变故使得母子不得不四下逃难，这也让湛若水很早就见识了世事时风。

弘治五年（1492年）秋，湛若水参加乡试，顺利通过三场贡院考试，中了举人。在考试之前，他曾经从增城来到广州学习，在广州生活期间，他做了两件出人意表的事情。

第一件事情是，当时的抚台大人到广州学府视察，书院要求全体师生给抚台行跪拜礼。跪拜上官在当时是一件非常平常的事，但是，湛若水却坚决不服从命令，拒绝下跪。因为按照当时有关礼节的规定，学校并不是师生给抚台跪拜的场所。小小年纪就有这样的胆识，表现出了湛若水不屈服于权贵，一切以理为重的人格。第二件事情是，按照当时的规定，考生在参加考试进入考场的时候，必须把鞋子脱掉。但是，湛若水在听到点名之后，坚决反对赤脚进入考场，因为他认为这是对考生的不尊重。他的抗辩最终被考官所采纳，并促使考官废除了这一不合理的惯例。

通过乡试之后，湛若水紧接着上京参加会试。第一次落第以后，在回家路上，湛若水得到南海人梁景行的引荐，到江门拜见闻名的大儒陈白沙，请教如何做修身工夫才能成为一个圣贤。

陈白沙教授弟子的方式灵活多变。他有时给学生讲授经典，让学生理解经典里面所记载的圣贤的教诲；有时带领学生游山玩水，谈天说地；有时又通过书信往来，讨论学术、诗文、修身工夫等。湛若水亲侍师侧的时间不长，家又住增城沙贝，离江门尚有一段距离，书信间的讨论成为年轻的湛若水向老师请教的主要途径，但是白沙却对他悉心教诲。弘治十年（1497年），湛若水在回到家乡甘泉都后，突然有一天在修习的过程中体悟到如何进入圣贤的门庭，随后他马上写信向老师汇报，陈白沙在给他的回信中愉快地说："来书甚好。日用间随处体认天理，着此一鞭，何患不到古人佳处也。"后来湛若水提出"随处体认天理"的六字宗旨，便是从陈白沙这里直接转用而来的。

陈白沙高度赞赏湛若水体悟到的道理，认为他假以时日一定可以达到古代圣贤的最高境界。因此，他认定“江门衣钵”的继承人非湛若水莫属，特作《江门钓濑与湛民泽收管》诗三首，前面的按语这样写道：“达摩西来，传衣为信，江门钓台亦病夫之衣钵也。兹以付民泽，将来有无穷之托，珍重，珍重。”

江门钓台，是陈白沙在江门依蓬江河岸而建造的一间小屋，小屋可以垂钓、饮酒、游乐，也是他讲学的场所。在白沙心中，钓台象征着他的毕生志业。他要效仿佛教达摩祖师以袈裟作为信物传承禅法，来传承自己的圣贤学问。在给湛若水的信中，陈白沙不无感慨地说到，自己多少年来和弟子在这钓台一起研讨学问，总不能在年迈的时候，为了几个钱把它卖了吧？只好托付给你了。

弘治十二年（1499年），白沙将风月钓台作为衣钵，授予湛若水，湛若水也就正式成为陈白沙的嫡传弟子以及江门学派的传人。湛若水尊师重道，他终生不忘自己的老师，认为成就自己道德生命的老师，就如同生育自己的父母一样，所谓“成我者与生我者等”讲的就是这个道理，因此在老师去世之后，湛若水像为父母守丧一样，为师守孝三年。在以后的几十年里，湛若水没有辜负老师的期望，不断发扬光大师门，自己足迹所到之处，都会以建立书院的方式来纪念陈白沙。

二、随处体认

白沙最为人所熟知的修身工夫就是“静中养出端倪”，湛若水也从老师那里学习到了这个方法，后来他在家乡以及在西樵山栖霞洞中所获得的悟道体验正是通过静坐的方式实现的。可是，静坐是从佛教中的教法而来，白沙在世时已经被人误解批评为禅宗，这是对一个立志成为儒家学者的修道者最严厉的批评。为了维护师门，避免不必要的误解，湛若水进行了改换，即以“随处体认天理”的学问宗旨进行替代。

按照湛若水自己的讲法：“随处体认天理，是圣学大头脑，千圣千贤同此一个头脑，尧、舜、禹、汤、文、武、孔子、周、程，千言万语，无非这个物，岂有别物？……动静内外、隐显常变，无不是随处体认之功，尽之矣。”（《新泉问辩录》，《泉翁大全集》卷六十八）换句话讲，湛若水认为这个讲法已经包含了动时应事，也包含了静时体认，它可以“贯通动静隐显”，动静、心事、内外都能统摄起来。

但是，“随处体认天理”在表面上和朱子所讲的格物穷理的修身方法非常接近，所以当它作为学派的宗旨提出来的时候，就遭受到心学阵营内部的批评，包括王阳明以及他的弟子们，他们批评湛若水旧调重弹，重新走回朱子那种向外逐求而支离破碎的老路。

王阳明认为湛若水讲“随处体认天理”，实际上与真正的圣贤学问有着根本的不同，所谓“失之毫厘，谬之千里”。阳明的原话是说，“为世之所谓事事物物皆有定理而求之于外者言之耳”，他认为湛氏的教法是要教学者去求取世间事事物物的道理，所以他非常赞同弟子邹东廓将湛氏学问的弊端概括为“主于事”（《寄邹谦之书》，《王阳明全集》卷六）。

然而，对于湛若水来讲，阳明误会太深，他认为自己随处体认天理的主张与阳明的致良知教“不相远，大同小异”，还专门作《答阳明王都宪论格物》一信详细辩解。信里解释自己所谓的随处体认不是求之于外，

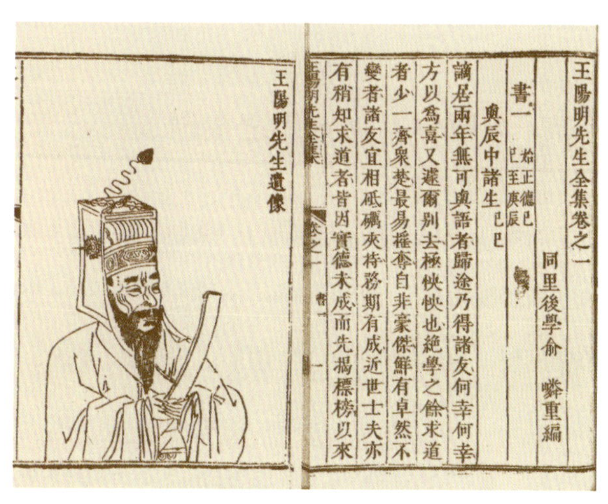
王陽明先生遺像

王陽明先生全集卷之一

同里後學俞　嶙重編

書一　始正德己巳至庚辰

與辰中諸生　己巳

謫居兩年無可與語者歸途乃得諸友何幸何幸方以爲喜又遽爾別去極怏怏也絕學之餘求道者少一齊衆楚最易摇奪自非豪傑鮮有卓然不變者諸友宜相砥礪夾持務期有成近世士夫亦有稍知求道者皆因實德未成而先揭標榜以來

《王阳明先生全集》书影

“吾之所谓随处云者，随心、随意、随身、随家、随国、随天下……而皆不离于吾心中正之本体”。就是说，无论应对何种事物、何种情景，始终都不会离开我们内心那一个中正的道德本心做主宰。所谓的天理就是道德本心的中正处。因此，天理也就是阳明所讲的良知，不需要向外去求取，只不过他强调需要通过学、问、思、辨、笃行来破除人的愚蔽，警发人的良知良能。

所以他不明白王阳明的批评究竟有什么力度，反而觉得致良知教法有问题。他担心阳明只是一味让学者自信自己的良知、依循自己的良知去做事情，这样会出现所谓的“师心自用”的弊端，即每个人都将自己的感性体验视为良知，这样便没有一个公共的理则规范，而他讲“随处体认天理”，始终有一个天理作为主宰、作为规限，一旦感性行为有所偏差，本心的中正（也就是天理）就会出来为我们重新指明方向。

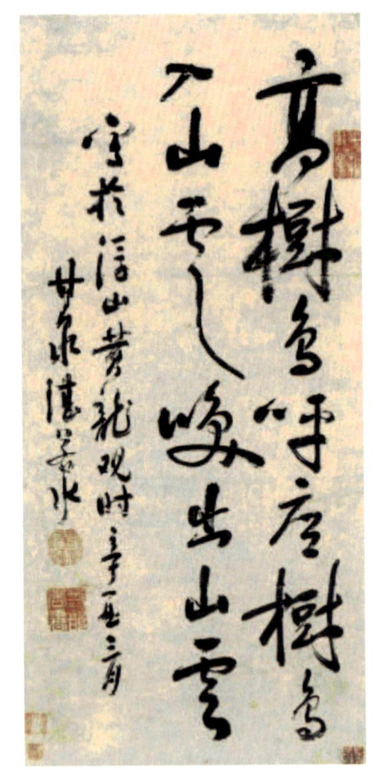

湛若水手迹

三、天理：万物一体之生理

“天理”是湛若水思想中的“头脑”，这是他屡次向学生强调说明的。天理在湛若水那里不但是一个先验存在的道理，而且是一个“生理”，即活泼泼的、生生不息的道理。关于这个“生理”，湛若水有一个“性者天地万物一体”的观念，这是受到北宋大儒程颢“仁者浑然与物同体”思想的启发。当然，程颢讲的是仁者的一种精神境界，而湛若水则更多是为随处体认的工夫提供一种根据。

“一体”表示天地万物（当然也包括了人的心与身）是一个休戚与共的生命共同体，正是有这样一种休戚与共的联系，我们才能够去体认万物的道理，这就是湛若水常常讲的“心体天地万物而不遗”。他激赏的学生方瓘对心体万物的“体”有一生动的讲法，说它是“犹体乎四肢百体”，人的四肢百体紧密联系，缺少任何一个部分，人的生存就会受到影响。这个比喻实际上要表达的是心、身、天地万物乃一个互相镶嵌于彼此之中的整体，此心既在天地万物这一大身体之中，也在人的四肢百体这一小身体之中。

所以，湛若水还讲要“大其心”，实际上是要为学者体会心与天地万物一体的“生意”，体会到了，心与天地万物流通无间，便是大心；体会不到，便是程颢所讲的“手足痿痹谓之不仁”——保持一个姿势太久了手脚会麻痹，你的心与天地万物的通道如果被身体的私欲阻隔住了，便是“小心”了。在湛若水看来，人心是有“生意”的，像谷种一般，潜藏着一种生长创造的动力，它的发生是需要条件的。人心同样是生命生长之力量，只不过它所创造的不是生物学意义上之生命，而是人之德性生命。所以，湛若水也将这个“生意”称之为

“可欲之善”，一种向善、为善的道德力量，也是人成贤成圣的超越根源。

也就是说，随处体认天理在湛若水看来，立脚处还是在培养自己的道德本心，必须先扩展人心的“生意”。湛若水要求自己的学生去体认天理，刮磨戕害自己本心天理的私欲，拔除掉内心那些顽固的成见，还我的本心正大光明的本来面目，这就如磨去镜子上的尘垢、濯澣衣服上的污点。这种工夫被后学疏解为三个环节，分别是立志、煎销习心、体认天理。

西樵山仰辰台遗址，此地是湛若水讲学、游憩之所，“仰辰台”三字是湛若水所题

立志，“志也者，其圣学之基乎”（《雍语》，《泉翁大全集》卷五），这个“基”既表示开始、开端之意，又表示基础、基石之意，即如草木之根一般。草木之根既为草木生长之起点，又为其生长确立方向，输送养分和动力。志向也是如此，只不过它是为学者修身的起点，确立的是成圣成贤的方向和动力。所以，如果为学者一有懈怠，湛若水便会斥其为丧志或立志不笃。但如此说“志”，其实还不十分准确，因为“志”本身仅仅表明一种方向感而已，并不能确保这一方向的正确或者错误。湛氏补充说，“志”要落到“真知”上面，“必真知而后志立”，真知而后志才能坚定不移，才能沛然自信，用功起来也才能果敢勇猛。换句话讲，只有以“真知”作为保障的“志向”才具动力。

后面的煎销习心与体认天理这两个环节，其实就像是一个硬币的正面和反面，所有的习心私欲都是自我心中潜伏的盗贼，湛若水要求弟子要如农夫养苗除去其害苗那样去刮磨掉那些习心私欲，这样心之生理（或者生意、生机）自然会生生不可遏制。当然，它的进路有一正一反，最好的办法在湛若水看来就是直接涵养本心，在本心上体认天理。

如何直接涵养本心？不是闭关索居，因为一日之间，一睁眼便要应接各种事物。湛若水认为学者如果不历经世事则不能熟识仁德，他说："君子之学也，犹之锻金也，不炉不锤则金不精。事也者，学之炉锤也，不历事则仁不熟，不熟，仁之弃也。夫仁也者贵熟之。"（《新论》，《泉翁大全集》卷二）这里的"仁不熟"，就是指我们的本心所萌发出来的那一点善的力量非常微弱，如果不去事上磨炼，不去推扩本心的生机动能，那么最后那一点稀薄暗弱的力量也会熄灭，善的力量也就无法燃为一团烈焰。

因为自幼深知人世艰难，恶的障蔽重重，湛若水非常重视后天教养，认为"教"与"学"对人的那一点真切初心的灌溉至关重要，孩提之童无不知爱亲敬兄，不仅是天生的情感，也是后天教与学的结果。他观察到现实生活中，孩童有时会"恃爱打詈其父母，纱兄之臂而夺之食"，这就证明了阳明弟子所自信的"现成良知"并不可靠。

事实上，他将“良知”二字拆分来看，认为只有“知之良”才是良知，才是一个德性之知，也就是天理。即是说，体认得天理，方才是良知，否则所谓“良知”只是一个空空的知，此空空之知并没有一个良的形式，也没有任何实质的内容，会出现师心自用、放任自流的恶果。内容的获得是一个涵养扩充的过程，而涵养扩充之道则在学、问、思、辨、笃行上。可以说，湛若水的思想是在与王阳明之思想的对话中不断扩充成熟的，他本人是阳明的可贵诤友，时常警策、修正心学可能出现的流弊。两个门派相得益彰，共同扩大了心学思潮的流布。

四、门庭广大

湛若水一生宦海浮沉多年，官至南京国子监祭酒，南京礼、吏、兵部三部尚书，七十五岁才退休，但由于得不到嘉靖皇帝的赏识，大多数时间都是担任没有实权的虚职，史称他“平生笃志而力勤，无处不授徒，无日不讲学，从游者殆遍天下”。他在广东、江西、江浙、山西等地每看中一处，必建书院，一生资助创建的书院多达五十几所，以“随处体认天理”作为宗旨来教导学生，从游之士3900多人，规模之大，范围之广，在中国教育史上是屈指可数的。

这庞大门生队伍中，比较著名的有江西的吕怀、洪垣，湖北的何迁，浙江的唐枢，他的二传弟子有浙江的许孚远，三传弟子有陕西的冯从吾等，直到明末清初，湛若水的学派仍有传承。湛若水的后学都着力去调解师门与阳明之间的思想分歧，在修身工夫上想要“以直截救之”，如吕怀主张天理、良知本来一样，洪垣认为体认天理乃是不离本心的体认，唐枢则标举“讨真心”三个字作为要旨，他们都在努力把致良知与随处体认天理统摄起来。

还有几位特殊的弟子，是湛若水退休后在广州天关书院（今广州法政路湛家大街）收入门下的。先是七十七岁高龄的吴藤川老翁敬仰他的道德学问，恳拜他为师。三年后，又有八十二岁的黎养真、八十一岁的黄

湛若水墓

慎斋两位老汉也来拜师。三位耄耋老翁，并称“天关三皓”，湛若水为此专门写了一首《三皓》诗相勉励：

养真慎斋与藤川，三皓同时及我门。
八十头颅事事真，老来赤子心还存。

之后，又有一百零二岁的老翁慕名来执弟子礼。湛若水门下竟有五位高寿弟子，他自己也已年近八十，师徒六皓，一时传为佳话。

湛若水是宋明名儒中最高寿的一位，活了九十五岁。他晚年仍周游不倦，老而弥笃，九十一岁时还率领子弟学生远行，登游湖南衡山、江西青原山，召集同道，大开会讲。这种对教育的热忱执念，实在令人感佩。

第四节　学宗良知，忠勇笃行：薛侃与岭南阳明学的开宗

某日，大儒王阳明带着弟子在花圃除草，弟子薛侃突然感叹：天地间的事情真是不可理解，为何善的难于培育，而恶的却难于除去？

王阳明说：这是因为对善者没有好好培育，对恶者也没有真正铲除。说完后又觉得言犹未尽，加

了一句：这样看善恶，一起念便错了。

薛侃不解，问道：怎说一起念就错了？

王阳明解释说：天地之间，花草都是生命，哪里有善恶之分？只是人要看花，便以花为善，以草为恶。如果一旦要用草，那么草又成了善的了。所以，事情的善与恶，全是因为人的好与恶所生。

薛侃不解，反问：如先生所说，世间就没有善恶之分了？

王阳明并不正面作答，只说：无善无恶，是天理处在静的时候。有善有恶，是因为气的变动。不动于气则无善无恶，这才是至善。

薛侃立即反问：佛教也讲无善无恶，您的意思岂不与佛教一样？

王阳明耐心解释说：佛教只说无善无恶，便一切都不管，不可以治天下。儒家圣人讲无善无恶，只是要人不要以成见去裁量事物，只是一循天理，而不动气就对了。

薛侃认为老师并没有说服自己，重提刚才的问题：既然草不是恶，那就不应除掉。

王阳明又笑了：你这就是佛家的意思了。我常常说，天理就在我心，我心要观花，而草却有碍于观花，这便是不合天理，除去又有何妨？

薛侃有些明白，却还是有些糊涂：这样看来，

王阳明画像

还是有善有恶。

王阳明笑了笑：虽然有善恶，但这善恶和你原来所说的善恶却不一样。善恶不在物，而在于心。心要观花，花便是善；心要用草，草便是善。所以，善恶全在于心，天理也全在于心。总之，一切依照心中普遍的天理作为准则，不要用个人的私意来裁定善恶就对了。你们要反问自己：除草时是什么心？是出于一己私心还是依循天理？

兜了一个圈子，王阳明回到了自己的一贯主旨：我心就是天理。

薛侃画像

这是译自心学经典《传习录》中的一段精彩的师生对话。老师王阳明（1472—1529），名守仁，浙江余姚人，阳明子是他自号，以号行世。他是明代最具影响力的思想家、军事家之一，文武全才，因平定藩王叛乱及剿灭南方匪寇而功勋显赫。他不满朱子的“性即理”说与格物论，提出“心外无理”“知行合一”，独创出以“致良知”作为宗旨的心学理论体系，与陆九渊并称为“陆王心学”，和“程朱理学”对应，构成宋明儒学中的两大流派，正如佛教南北禅的“顿悟”与“渐修”两大流派。阳明心学因其直指人心、简捷明快的实践风格，一扫朱子学繁冗支离的流弊，迅速风靡全国，后来还传到朝鲜、日本，对东亚产生巨大影响。王阳明在很多地方都有代表性弟子，按地域划分，有浙中王门、江右王门、南中王门、北方王门、楚中王门、闽粤王门、泰州王门等后学流派。

王阳明与岭南颇有渊源，常年在两广、江西、福建、湖南的交界地带剿匪，上奏朝廷创立了广东和平县（今属河源市），晚年亲赴广西的大藤峡平叛，后自感身体不适，离职回乡，途经广州养病，召集士民，大开讲会。他生平最好的学友就是湛若水，其同为当时的讲坛宗主，许多学人不是投身王门，就是拜入湛门。从学于他的广东人有南海方献夫、梁焯，揭阳郑朝朔、薛俊、薛侃、薛侨、薛宗铠、杨思元、吴继乔，潮阳陈洸，饶平杨骥、杨鸾，海阳陈明德、黄梦星等人。其中最出色的是薛侃。

薛侃（1486—1546），号中离，潮州府揭阳人，王阳明的早期入室弟子，也是闽粤王门的领军人物。他是最早把老师的语录结集成《传习录》并刊印出来的人之一，此书很快风靡全国，成为传播阳明心学最重要的著作。

正德九年（1514年），二十九岁的薛侃科举落第，听说阳明讲学于南京，遂往拜入门下，之后引荐兄弟、侄儿及同乡士人拜入师门。当时阳明在南赣剿匪，薛侃与同门在后方相聚讲论，或代理日常事务，或诲导阳明的儿子正宪，或启迪初学。阳明去世后，他总理后事，保护阳明的遗孤家眷，在杭州建起祭祀阳明的第一个书院——天真书院。其因热忱忠心，“大有功于师门”，得到同门推重。

正德十五年（1520年），亲师取友六年之久的薛侃回到家乡，与陈明德（号海涯）、杨骥（字仕德）、杨鸾（字仕鸣）讲学于潮州金山玉华书院，并结斋于梅林湖，吸引了远近学者纷纷来此求学。此标志着阳明学正式传入岭南。薛侃后又结茅于梅林湖西之山中，聚徒讲习，“以正学接引，潮士为之一变”。山因薛侃的号而名“中离山”，此山一经创辟，“四省同志闻风远来，至不能容，各自架屋以居”，一时成为闽粤地区的阳明学重镇。明代文豪王慎中这样说：“当时东南吴楚之交，盛为王学者，莫如绍兴、吉安，独潮（州）之风不下二郡，可谓盛矣。”

潮州梅林湖与中离山

薛侃故居

薛侃官至行人司司正，为了争取心学能早日能得到朝廷的承认，他曾上疏奏请陆象山和陈白沙从祀孔庙，最终陆氏被准奏入祀。嘉靖十年（1531年），他上疏乞请嘉靖皇帝在亲藩中择贤者迎取入京，选取正士辅导。当时太子已经死了几年，嘉靖皇帝急于祈求子嗣，忌讳谈立储君的事。少傅张璁及其心腹彭泽从中挑拨，企图激怒嘉靖皇帝，并借此兴起大狱，扳倒政敌夏言，他们诱逼薛侃诬陷说，奏疏是夏言在背后指使的。于是薛侃无辜惨遭“廷鞫”（在朝廷公开审讯），七日连续拷讯用刑八次，备受摧残，他独自承担，还严词发誓：“明有君父，幽有鬼神，首可断，心不可欺！”在生死关头，薛侃的良知经受住了考验，京城士民称之为“真铁汉”。后来真相大白，一场政治风波避免了，但他仍被嘉靖皇帝指斥为狂妄，削籍为民，开始十几年讲学会友的生涯。

除了在家乡筑宗山书院祭祀阳明之外，他还到江西与邹守益、罗洪先、王畿、钱德洪等同门召开青原讲会，继而主持杭州天真书院，最后四年则主要旅居于广东惠州，先后在罗浮山、西湖永福寺等处讲学，扩大阳明学在粤东的影响。直到六十岁那一年，返归故里后不久，薛侃因旧疾发作而逝世。他的著述主要有《研几录》《图书质疑》，后人汇编有《薛中离先生全书》20卷。

王阳明曾赞叹，潮州只是南海之涯的一个郡而已，但一郡之中，有薛氏兄弟子侄，“既足盛矣”，“其余聪明特达毅然任道之器，后先颉颃而起者以数十”。可见他对这些身居偏僻岭海却勇于求学的后学寄予厚望，薛侃当之无愧地成为闽粤王门的一代儒宗。

薛侃的思想以“良知”为宗，侧重发挥良知的“虚明觉照”特点。他说：“心之本体，虚明而已。”又说：“良知者，吾心之明觉也。常明常觉，便是作得主，常作得主，则一刻万年，一念百虑矣。”良知若能够时时刻刻朗照，自己就能做生命的主人，不被外界的诱惑邪恶所牵制。但人很容易陷溺在日常私欲缠绕里，让良知失去主宰作用，因此为学的工夫就是要时刻内省察觉，对意念的萌芽阶段保持细密的敏感，也就是在善恶抉择的关节眼上，迅速做出道德直觉判断，这个工夫他称之为“研几”：

> 视于无形，听于无声，志常存，念常一，精神意思常凝定而虚明，而后一有萌焉必觉也，一有觉焉必克其善，去其不善，是谓之研几。（《研几录·序》）

“研几”就是要把意念专注凝聚，返归到良知的朗照，从而敏锐地觉察、决断当下萌发的每一个欲念，如此才能最彻底地在心源上拔除种种积习，最后达到“无

宗山书院石坊，1532年薛侃所建，原还设有祭祀王阳明的怀惠祠

欲”的境界。薛侃晚年愈发用功，刻励内省，主张“无欲为主本”。所谓“无欲”不是撤销常人的一切欲望，而是指把意念专注于内在那不可闻不可睹的良知，以之为主宰来自我净化，不被杂念冗欲遮蔽，该哀痛即哀痛，当悔悟即悔悟，一念真诚、纯粹，就是“无欲”，在薛侃看来，只有这样，才能让人的道德理性真正彰显。与“无欲”相对的工夫叫“克欲”，指的是察觉私欲后再施予克制惩治的手段，两者的区别是：“克已而拔去病根，无欲者也；克已而频失频复，或制而不行，克欲者也。”欲望是克制不尽的，“无欲”才是彻底的工夫，真正做到了“无欲”，也就自然能够克欲，或者无须刻意去“克”了。直至临终前，薛侃还谆谆告诫门人：“工夫须净欲根，一丝尚存，终是障碍。”

为什么薛侃会如此重视“无欲”？应该和他本人的

禀性有关。他时常反省自己躁急固执，济人利物之心过于热切，容易招惹他人谤议，也消耗了太多精力在事功上，导致“工夫疏间，不成片段”“精神昏夺，凝聚不得”。坚持不懈地以修持“无欲”的工夫来“扫荡廓清世缘”，保摄精神，存养良知，对于薛侃来说正是对症下药，也是其在勇猛精进的求学历程中开辟出来的切身体悟，体现了其真诚笃实的为学风格。

薛侃毕生践行尊师“知行合一”的精神，“居官益思其民，居乡益思其乡”，办了大量实事造福乡里，带头开溪修渠，砌路造桥，惠泽至今。他以身作则，买田地充当祭祀先人的公产，立家训族规教诲子弟。就在王阳明于江西推行著名的《南赣乡约》的翌年，他首先响应，在家乡推行乡约，每月定期召集乡民讲习仪范，表彰善行，纠正过恶，改革乡里嗜赌好讼、逞凶斗狠等恶风陋习。

嘉靖七年（1528年）暮春，在揭阳、海阳两个县的士绅民众三个月的昼夜赶工下，长达十余里的溪渠终于顺利凿通。放船试航当晚，天降甘霖，百姓拍手欢呼。“此溪一通，农者利灌，商者利贩，居者利运，行者利舟楫”，人们为了感恩凿通此渠的带头人——薛中离先生，遂把溪命名为“中离溪”。四百年后的今天，在残存的宗山书院石坊前，中离溪仍流淌不息。那一泓溪水，映照着这位心学先贤的千古良知。

第五节　黄佐：博学鸿儒，朱学后劲

黄佐画像

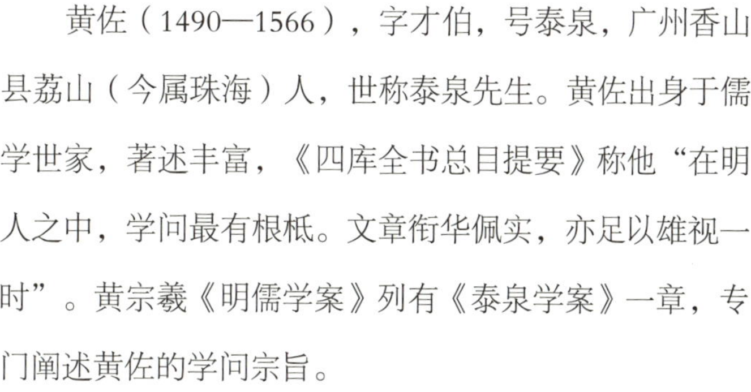

黄佐（1490—1566），字才伯，号泰泉，广州香山县荔山（今属珠海）人，世称泰泉先生。黄佐出身于儒学世家，著述丰富，《四库全书总目提要》称他“在明人之中，学问最有根柢。文章衔华佩实，亦足以雄视一时”。黄宗羲《明儒学案》列有《泰泉学案》一章，专门阐述黄佐的学问宗旨。

黄佐自幼聪慧过人，四岁时便开始在父亲黄畿的指导下学习《孝经》，七岁上私塾，问老师，《大学》自纲领条目之外，为什么只解释了什么叫“物有本末”而不解释“事有终始”这句经文？十岁时将自己的读书笔记整理成册，取名为“漱芳录”，看见家中珍藏的周敦颐、二程等大儒画像，“自誓必如此，而后为人”。长大后的黄佐虽然没有成为周敦颐、二程这样有分量的大儒，却也成为传承程朱理学的著名学者。

正德五年（1510年），黄佐考取广东乡试第一名，正德十五年（1520年），他又顺利考中进士，被朝廷任命为翰林院编修。此时，嘉靖皇帝刚刚登基，年富力强的黄佐也期待有一番作为。然而，在随后的“大礼议”之争中，黄佐坚持依礼制，追封嘉靖的生父为皇叔，违背了嘉靖的心意，因而被外放为江西按察司佥事，不久又改任广西督学。虽然就职之地越来越偏远荒芜，黄佐却恪尽职守，在广西积极修建学校，拆除淫祠（不符合国家礼制的祠庙），编印《理学本源》并颁发给当地百姓。因为他循循善诱，广西的学风、民风也为之一变。

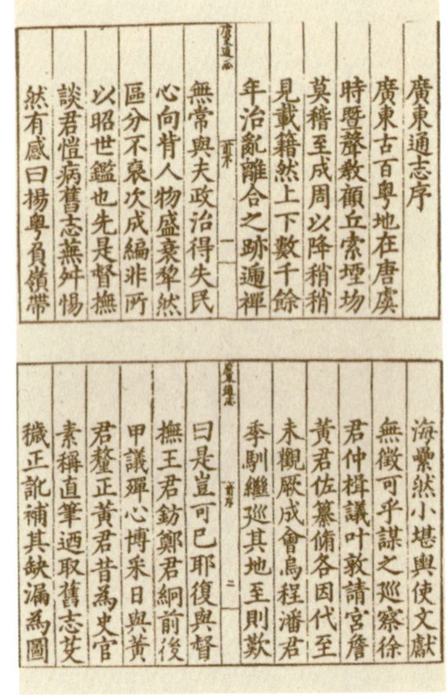

廣東通志序
廣東古百粤地在唐虞
時暨聲教顧丘索堙坊
莫稽至成周以降稍稍
見載籍然上下數千餘
年治亂離合之跡遍禪
無常與夫政治得失民
心向背人物盛衰犂然
區分不衰次成編非所
以昭世鑑也先是督撫
談君愷病舊志蕪舛惕
然有感曰揚粤負嶺帶

海彙然小堪輿使文獻
無徵可乎謀之巡察徐
君仲楫議叶敎請宮詹
黃君佐纂脩各因代至
未觀厯成會烏程潘君
季馴繼巡其地至則歎
曰是豈可已耶復與督
撫王君鈁鄭君絅前後
甲議殫心博采日與黃
君蟄正黃君昔爲史官
素稱直筆逌取舊志芟
織正訛補其缺漏爲圖

《广东通志》书影

随后，黄佐还担任过左春坊左司谏、南京国子监祭酒等官职。经历仕途上的不如意，他毅然辞官回家，专心于讲学著述。在清净无扰的环境里，黄佐的学术思想日趋成熟。《明史》对他的定位是，“学以程朱为宗，惟理气之说独持一论”。虽然深受程朱理学的影响，但在理气问题上，黄佐却有着自己独到的看法。他不同意朱子“未有天地之先，毕竟也只是理”的观点，认为“理即气也，气之有条不可离者谓之理，理之全体不可离者谓之道。盖通天地，恒古今，无非一气而已”。在朱子哲学中，世界的存在由理、气构成（理相当于规则、原理、依据，而气指质料），理是最高本体，理先于气，先于天地万物而存在。黄佐显然反对“理先气后”之说，而是认为理是气本身的条理，天地之间只是一气流行而已。理是气之理，理不可离开气，理、气是同一的，而非二元的存在。这种理气一元论，在程朱理学大行其道的时代可谓独树一帜。

除了理气观上的分歧，黄佐基本上以程朱理学为尊，批评陆王心学。他对王阳明的良知学就颇不以为然。他指出：

> 今之道学，未尝读书，而索之空寂杳冥，无由贯彻物理，而徒曰致知。则物既弗格矣，无由反身而诚，则乐处于何而得哉……盖阳明之学，本于心之知觉，实由佛氏。其曰只是一念良知，彻头彻尾，无始无终，即是前念不灭，后念不生。（《泰泉学案》，《明儒学案》）

所谓“今之道学”，指的正是时下流行的阳明心学。他认为，心学抛弃读书实践，脱离人伦物理，而凭空谈论“穷理”“致知”，最终流为空疏虚妄。阳明所说的良知，不过是佛教所说的不起心动念的本心。并且听任本心的知觉，也有“认欲为理”的危险，导致和空虚不实的佛教没什么区别。

在知行关系的理解上，黄佐曾两次会见阳明，共同切磋辩论。第一次是在嘉靖二年（1523年），黄佐专程到绍兴拜访阳明，二人就知、行的逻辑关系展开了辩论。相较而言，阳明强调行对于知的实践意义，而黄佐更侧重于知对于行的优先性。第二次会面是在嘉靖七年（1528年），此时阳明刚刚平定广西的思田之乱，回广州养病，而后在当地登坛讲学，于是专门派弟子邀请辞官在家的黄佐前来叙旧。此次面晤，黄佐依然无法认同阳明“知行合一”的观点。他的忧虑是，阳明的良知并不是一个足够周密的概念，“致良知”只讲了“知”，忽略了表示行动的“能”，而在孟子那里，“良知良能”，“知”与“能”是相即不离的。黄佐最终没有被说服，但也赢得阳明的敬重。这次会面是阳明生命的最后时刻，其文治武功也臻于极致，很多人巴不得拜入门下。但当阳明弟子季本和薛侃试图拉拢黄佐一起拜入王门时，黄佐断然拒绝了，他更愿把阳明当作终生学友。

在思想宗旨上，黄佐将自己的学术思想概括为“博约”二字。他说：“博之为言广也，而有大通之义；约之为言要也，而有检束之义。”所谓“博”，指广大悉备、通今博古。求学之人应当博学笃志，善于从所见所闻之中探究隐而未发的道理。所谓“约”，指言简意赅、反躬自省。这要求学习之人在泛观博览之后，还要约之以礼，将生命芜杂、散漫的状态转变为谨慎、有序的状态。因此，“博文”“约礼”不可偏废，二者共同构成修身工夫的完整过程。

此外，黄佐还精通诗文、乐律、典礼以及历史，是博通经史的诗人、史学家。他著有诗文集《两都赋》，因文章出类拔萃，时人誉之为“岭南文宗”；又因诗词风格雄伟绮丽，以至有人将黄佐与韩愈相媲美，称其为“吾粤之昌黎”。清代学者朱彝尊也说：“岭南诗派，文裕（指黄佐）实为领袖，功不可泯。”在地方文献方面，黄佐的贡献尤为卓著。他编纂有：《广州人物传》

欽定四庫全書　經部四
泰泉鄉禮　禮類六雜禮書之屬
提要
臣等謹按泰泉鄉禮七卷明黄佐撰佐有樂典已著録其學恪守程朱嘗與王守仁論知行合一之旨數相辨難守仁亦稱其直諒然不以聚徒講學名故翛然於門戶外焉是書乃其以廣西提學僉事乞休家居時所著凡六卷首舉鄉禮

《泰泉乡礼》书影

24卷，分门别类记载广东历代的名士贤达近两百人；《广州府志》70卷，采录了历代史书的记载，并附录自己的所见所闻；《广东通志》70卷。此外还有《广西通志》《香山县志》《罗浮山志》《通历》《革除遗事》《翰林记》等史书文献。这些史料大多流传了下来，成为解读岭南地区历史文化的重要文献。

黄佐一生重视读书育人、教化百姓。在广西任职期间，他重建宣成书院、湘山书院、桂林武学等地方学校，培养大批向学知礼之士。致仕归家之后，黄佐精心编撰《小学古训》《姆训》《庸言》等书，并在广州白云山创建泰泉书院，广收弟子，聚众讲学。他的学生中不乏青年才俊，比较知名的有黎民衷、卢宁等人，岭南诗坛“南园后五先生”中的欧大任、李时行、梁有誉、黎民表也出自其门下。黄佐还倡导乡礼教化，增损宋儒吕大临等人的《吕氏乡约》，以及司马光、朱子等名家的家训乡规而作《泰泉乡礼》，以通俗易懂、简洁洗练的方式向平民百姓推广礼仪教化，有效地改善了当时的社会秩序。《泰泉乡礼》因而也成为乡约的范本。

嘉靖四十五年（1566年），七十七岁的黄佐病逝于家中，朝廷追赠礼部右侍郎，赐谥号“文裕”。黄佐虽然在仕途功业上未酬壮志，但其却以渊博的学识和独立的思想向世人昭示了精神的力量。

第六节 陈建：博古之学，用世之才

明朝中晚期，心学迅速崛起，逐渐成为思想界的主流，这对朱子学提出了挑战。针对学术史上“朱陆之辩”的著名公案，王阳明专门撰写《朱子晚年定论》一书，试图调和“朱陆”，证明朱子之学与陆象山之学早年差异很大，即朱子主张道问学，注重知识的积累、考辨，而陆象山提倡“尊德性”，强调道德的优先性，二者相持不下。但朱子晚年却悔悟过来，走上象山“尊德性”的道路。对这个问题，岭南也有学者耗费数年精力撰写专书，以论战的方式严厉批评盛行的朱、陆“早异晚同”之论，矛头直指王阳明。这个学者就是陈建，这本书叫《学蔀通辨》。

陈建（1497—1567），字廷肇，号清澜，广东东莞人。嘉靖七年（1528年）中举之后，陈建先后担任福建侯官教谕、江西临江府教授以及山东信阳知县等职务。虽然官职低微，但陈建在其位谋其政，积极劝课农桑，选贤任能，在地方颇有政绩。嘉靖二十三年（1544年），四十八岁的陈建因母亲年老而辞官，此后便专心于教书和著述，直至终老。

陈建著有《经世宏词》《明朝捷录》《古今至鉴》《滥竽录》《陈氏文献录》等书，然而这些大多没有存世。真正流传下来且为世人所熟知的，主要有《学蔀通辨》《治安要议》《皇明启运录》及其增订本《皇明通纪》。正是这仅存的鸿篇巨制，奠定了陈建作为独立的思想家、史学家的地位。

嘉靖二十七年（1548年），隐居乡野的陈建历时七年终于完成《学蔀通辨》一书，该书对朱子学说详细加以阐发，并一一驳斥王阳明的言论。可以说，《学蔀通辨》是一部论战意味浓厚的理学专著，有人认为他一生的学问实际上都聚集在此书中。

何谓“学蔀”？“蔀”出自《易经》，“丰其蔀，日中见斗”，原意是指覆盖在棚架上遮蔽阳光的草席，由此引申出蔀障、遮蔽的涵义。陈建认为他的《学蔀通辨》是一部关于正学、伪学之辨的著作，极力要破除的“蔀障”有三种：禅学、陆象山之学以及朱陆“早异晚同”论。为此他将《学蔀通辨》分成四编，前编辨明“朱陆早同晚异之实”，后编辨明“象山阳儒阴释之实”，续编辨明“佛学近似惑人之实”，终编总论作为正学的朱子之学。

具体来说，陈建在前编就判定陆象山的学问根基始终是讲“明心见性”的禅学，朱子早年虽然也受到禅学的影响，与象山确实有相似之处，但中年以后便醒悟过来，坚决拒斥禅宗。因此，从文献及思想发展的时间序列上来说，朱子对禅学和象山之学经历了由信从到排斥的转变，绝无“晚同”之理。在后编，陈建极力论证陆象山、王阳明的学问“阳儒阴释”，其实质是禅学而非儒学。续编旨在点明佛学之危害，所谓“佛学变为禅学，所以近理乱真，能溺高明之士，文饰欺诳”。在终编，陈建阐明朱子学说才是儒家的正统之学，并以朱子的继承者自居，表现出相当的学术自信。

陈建通过详密的文献考订，击中阳明《朱子晚年定论》的“硬伤”——史料编年失实，有意断章取义。他又以思辨之方式直揭禅学、心学的理论联结，深刻揭露了心学理论本身的疏忽处，即没有严格区分作为知觉主体的“心”和先天道德本心，容易导致认欲作理或凌空蹈虚的流弊。但陈建尊崇朱子也未免太过，甚至流于盲从，放大了理学内部的学术差异，再加上对心学、禅学的理解不深，没有看到心学在精神实质上仍属于儒家的道德哲学，而他又因囿于“华夷之辨”的成见，把禅学贬为异端、夷狄之教，这也是有失公允的。在心学盛行之时，《学蔀通辨》因过于“偏激”而长期未能刊行，直到晚明江南的东林学派领袖顾宪成公开批评心学时，陈建其人其书才被留意到，逐渐显名于世。

就在同一年，陈建还完成了《治安要议》一书的撰写，旨在“通变以宜民”，探求吏治整顿、政治改革之道。《治安要议》共六卷，分别为《宗藩议》《赏功议》《取士议》《任官议》《制兵议》及《备边御戎

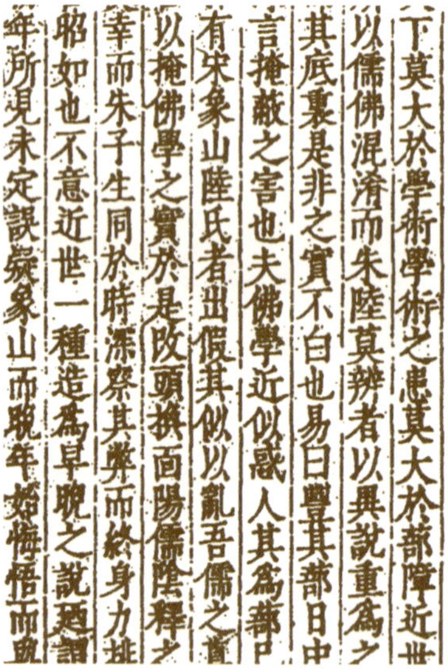
下莫大於學術學術之患莫大於蔀障近
以儒佛混淆而朱陸莫辨者以異說重爲
其底裏是非之實不白也易曰豐其蔀日
言掩蔽之害也夫佛學近似惑人其爲蔀
有宋象山陸氏者出假其似以亂吾儒之
以掩佛學之實於是改頭換面陽儒陰釋
幸而朱子生同於時深察其弊而終身力
昭如也不意近世一種造爲早晚之說
年所見未定誤疑象山而晚年始悔悟而

《学蔀通辨》书影

议》。这些讨论切中时弊，反映了明代中后期的社会问题，并提出了解决方案，从中可窥其政治思想大概，要点如下：

（一）面对已成尾大不掉之势的宗藩问题，他建议：一是依据亲疏法则逐渐缩小分封范围，逐级减少俸禄，以此减轻国家财政负担；二是通过选贤举能，提拔宗室的优秀人才，减轻宗室腐化。

（二）为扭转赏功泛滥的局面，他认为关键在于“窒其源”“节其流”，改革荫袭之法，从根本上杜绝赏功之滥。

（三）关于取士，他主张科举和荐举并重，但更倾向于荐举，因此极言荐举之利和科举之弊。

（四）改革任官制度，实际上是对取士之道的补充。陈建提出10项举措：选举之始不可轻取浮文，小官之选不可不归本省，入仕之途不可伤于冗滥，冗官之员不可不加省并，初选之职不宜骤贵，迁转之期不宜太速，资级之迁不宜太限，推让之风不可不兴，考察之行不可不慎，小官之禄不宜折减。

（五）关于制兵改革，他的核心思想是“兵随里甲”，使兵寓于农，把兵制和里甲制结合起来。他认为这样做“可省养兵之费，可省募兵之害，可无逃亡缺伍之虑，可无孱弱充数与骄兵悍肆之患”，真正扫清由来已久的兵制弊害。

（六）关于如何备边御戎，他从不同角度提出了对策：宜修车战以当胡骑，宜设强弩以辅车战，宜省骑兵以纾军民，宜重劝赏以垦屯田，宜因屯田以制边县，宜行经界以寓地网，宜繁林木以资扼伏，宜募骁勇以习砍营，宜明赏罚以振国威，宜重将任责以成功。

这些建言虽未能被采纳实施，但具有很强的针对性和操作性，既根植于他“变则通，通则久”的一贯想法，也来自于他对世情时政的深刻洞察。

陈建还有《皇明启运录》一书，刊刻于嘉靖三十一年（1552年），主要讲述明代洪武（1368—1398）至正德（1506—1521）年间的史事，这是他一生最为重要的史学专著，也是明代第一部私家修撰的编年体著作。在《皇明启运录》中，陈建围绕政治、军事大事展开讨论，基本内容与《治安要议》有很多相呼应之处，这也足以说明作者的写作意图，其落脚点仍在于实务时政，而不是简单地回溯历史。《皇明启运录》有纲有目，条理清晰，便于读者阅读和记忆。陈建借鉴此前编年体史书的成功做法，通过按语的方式表达对历史和现实问题的思考和关注，这是该书作为编年体史书的一大特色，充分显示出陈建作为一个史学家的识见才力，也有效避免了流水账式的罗列记录。因此，《皇明启运录》被后人认为是一部高水准的明朝开国史著作。

在好友黄佐的鼓励下，陈建决定在《皇明启运录》

的基础上，着重书写永乐朝至正德朝的历史，由此也成就了第一部明代通史著作——《皇明通纪》。作史的目的，在于借史抒怀，通过阐明前朝的文德武功，以突显当朝的社会危机，增强当政者的忧患意识，这表现出了中国传统史学经世致用、资治通鉴的基本功能。《皇明通纪》因强烈的现实关怀赢得了广泛的赞誉和认同，也因尖锐的评议触动了当权者敏感的神经。隆庆五年（1571年）朝廷一度下令禁毁《皇明通纪》，陈建的其他著作也惨遭牵连。这也是其思想流传不广的原因之一。

世人称陈建有“博古之学，用世之才”，时代埋没过他的才学，但作为一位严肃思考的学者，他在岭南思想史上足以占据一席之地。

唐伯元画像

第七节　岭海士大夫仪表：唐伯元的“修身崇礼”说

万历十二年（1584年）十一月，朝廷宣布：王守仁、陈献章、胡居仁三位当朝大儒从祀孔庙。在古代，从祀孔庙是国家重要的政教制度和典礼。作为一个儒者，死后能入祀孔庙是莫大的荣耀，这不仅意味着官方对其学术思想成就的认可，更关系着国家意识形态和科举取士的现实利益。所以朝廷历来对从祀议案十分慎重，从祀礼庙之过程一般也较为繁琐。王阳明这次得以从祀孔庙就是经过各种政治、学术势力推动的结果，即便如此，也历经了整整十八年。

王阳明的从祀，撼动了朱子学的正统权威地位，引发朝野巨大的骚动。一位南京户部郎中就深感不安，他酝酿了几个月，上了一封令人侧目的《从祀疏》，表达强烈的不满与抗议。这封奏疏也激起阳明追随者的激烈反弹，有人立刻上疏指责他“诋毁先儒”，更关键的是，他在朝廷颁布祀典后再表达抗议，无疑是对皇帝和首辅大臣的挑战。结果，这位户部郎中被连降三级，外调为海州判官。他就是明代后期著名的儒者唐伯元。

唐伯元（1541—1598），字仁卿，号曙台，潮州府澄海县人，他出身于一个乡间儒生家庭，父亲唐天荫是坐馆的教书先生。伯元幼承庭训，喜欢读《左传》《国语》《史记》《汉书》等史书，也接触了二程、王阳明、陈白沙的著作，人们甚至期许他成为像王阳明那样的人物。万历二年（1574年）他考中进士，几经宦海浮沉，官至吏部文选清吏司员外郎，进署郎中事，参与组织文官的铨选。他因不满万历皇帝的怠政，自觉难有作为，遂于万历二十四年（1596年）两度上疏请求罢归，获准回乡后，在潮州西湖自建的醉经楼旁垂钓种梅，退隐终老，享年五十八岁。卒后朝廷封赠太常寺少卿，广东澄海县和潮州府皆以乡贤祀之，江西万年县及泰和县以名宦祀之。

作为官员的唐伯元务实能干。他初出仕时先后就任江西万年县及泰和县知县，把这两个贫瘠、事务繁剧的地方治理得颇有模样，因而获升京职。离任之后，两地都为他盖建生祠。任官朝廷时，他也有优秀的表现。万历十九年（1591年）春，他在参与选取宫人之事后，上《宫人疏》揭露了当时内宫对宫人的严苛和虐待，反映选取宫人之事在民间引起的恐惧，还引用明太祖和嘉靖皇帝的遗训，恳请万历皇帝重身教，节起居，戒女宠，以使身体健康，临朝问政。此疏使荒怠的万历皇帝稍为承认了自己的过失。其最突出的政绩，则是在文选郎中任上帮助吏部尚书孙丕扬（1531—1614）制定和推行掣签法。掣签法是吏部在选任州县文官时，以抽签来决定其任职地方的做法，这个方法纾减了资格及素质较高的官员避任偏远州县官职的弊病，因此获得较多好评，史家多予高度肯定。万历年间的吏部文选清吏司是官僚势力角斗的场所，文选郎中地位关键，因而动辄得咎，唐伯元能以清廉忠直胜任，实属难得。

作为学者的唐伯元，主张“六经无心学之说，孔门无心学之教”，以坚定反对阳明心学闻名于时。他崇礼重行，居官和居乡都一以贯之，故此对王学末流信心任性、不修行检的作风十分不满。他自己的学术思想属于江门学派，其曾到江西师事湛若水的弟子吕怀，在所有理学家里他最服膺的便是宋儒程颢和本朝陈白沙。唐伯元酷嗜经学，其所建的楼之所以叫醉经楼，正是有取于隋朝儒者王通“心若醉六经”一语。唐氏解经，主张经文之间互证，认为此法比用传注来解经更胜一筹，所谓“解经以传，不如解经以经，合而解则明，折而解则晦”。这观点正是清代朴学家的基本信条。唐伯元著述甚多，但散佚不少，现在能看到的只有《醉经楼集》《泰和志》《白沙文编》《二程先生类语》《铨曹仪注》。他在思想史上最令人瞩目的事件，当属向朝廷抗议王阳明从祀孔庙，以及要求颁行他所疏解的《古石经大学》。

唐伯元的《从祀疏》措辞激烈，对王阳明多方指责。一开始他便指出王阳明有如下六点人品上和学术上的弊病：“道不行于闺门”（没有管好内室），“乡人不信”，平定“宸濠之功状疑似”，其“学禅学也”，其“儒霸儒也”，其“良知之旨，弄精神也”。他认为阳明不是一个醇儒，“立于不禅不霸之间，而习为多疑多似之行”，导致身后议论纷纷。接着又指出阳明之论说实有“自相矛盾之处”，而且离经叛道。他还将阳明与白沙对比，指摘前者的自是、傲慢，而白沙之学也异于朱子，但白沙却非常尊崇朱子。白沙对门徒严谨，而阳明则随意夸奖门徒。白沙之学疑于禅，而阳明之学实混于禅。阳明受白沙弟子湛若水的影响，却从不提及白

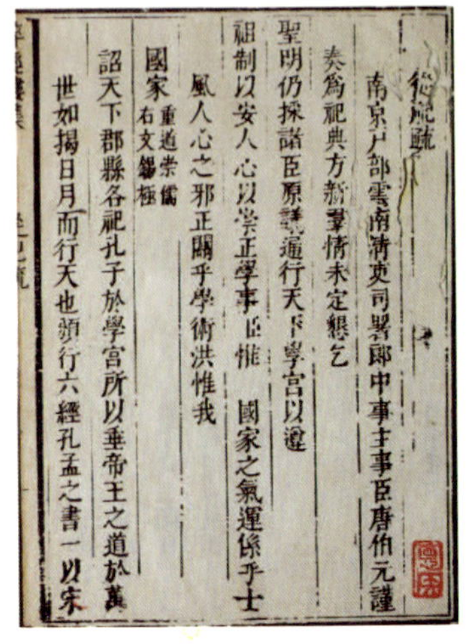
從祀疏
南京戶部雲南清吏司署郎中事主事臣唐伯元謹
奏為祀典方新羣情未定懇乞
聖明仍採諸臣原議通行天下學宮以遵
祖制以安人心以崇正學事臣惟　國家之氣運係乎士
風人心之邪正關乎學術洪惟我
國家 重道崇儒 右文鬱極
詔天下郡縣各祀孔子於學宮所以垂帝王之道於萬
世如揭日月而行天也頒行六經孔孟之書一以宋

乾隆版《醉经楼集》中的《从祀疏》书影

沙，这样的态度是目空今古，“自任太过”。

唐伯元给了两个建议：最好是朝廷收回成命，取消阳明从祀的典礼；退而求其次则是命令礼部布告天下学校，学者不得轻易诋毁朱子，犯者以违制论。学者该学王阳明的功业、气节、文章，不得学他言语轻妄，也不必认为他比朱子更为高致。唐伯元进而向朝廷进呈他获得的所谓《古石经大学》以及为此书所作的疏解，提出用“修身”来代替王阳明的“致良知”说。

这里有必要补充说明一下《大学》这本书对宋明理学的影响。《大学》本来是《礼记》中的一篇，在宋代时备受重视，被认为是曾子所作，抽离出来单行成书。朱子对文句次序作了重新编排，分为经、传，还作了注解，后来成为科举标准版本，是为今本《大学》，而《礼记》里原来的版本叫作古本《大学》。理学家们依据不同版本的《大学》，特别是通过对“格物致知”这一条目的解释，提出各自的思想主张。朱子认为格物就是穷理，即从世间的事物（包括人自身）出发去探究其背后蕴含的天地之理。而王阳明则采信古本《大学》，认为理寓于心，格物就是正念头中之物，也可以说格物就是致良知，推扩良知于事事物物上，让事物各得其正。阳明据此批判朱子学是求理于外、支离繁琐的“无头脑”学问。这是朱子学与阳明学的一大分歧。

晚明的很多学者不满于这种分歧，有的力图弥合，有的另辟蹊径，唐伯元就属于后者。正是在朱子学与阳明学存在分歧的背景下，唐伯元发现了嘉靖年间（1522—1566）浙江人丰坊伪造的所谓《古石经大学》，和很多人一样，他信以为真，认为这个版本的《大学》是子思所作，并认为其提供了最权威的论断，即“格物”不是以朱子的穷理或者阳明的任心为本为先，而是以修身为本为先。他说：“察一物而贯乎多，理一物而万物不能乱，以身本者也。”就是说必须先有自身修养作为根本，然后才能做到朱子所说的统摄、贯通事物背后的道理。他还认为必须在具体的行事实践中去端正、存养心性，这才是真正的修身：

> 心之正不正、存不存，从何用力？修之身，行之事，然后为实践处，而可以竭吾才者也。呜呼！此子思格物必以修身为本，孟子立命归于修身以俟，程子谓“鸢飞鱼跃与必有事焉而勿正心意同”。（《答叔时季时昆仲》，《醉经楼集》卷五）

具体的行事需要礼仪来规范，如此，修身便和循礼不能分开，故而唐伯元也崇尚礼学。他认为礼是“性之德也”，礼是一种本源的德性，学习知识的过程本身也是在遵循礼仪，所谓“道问学，所以崇礼，所以尊性”，“博学详说，则礼在其中”，“夫学至于礼而止矣”。他甚至赋予礼犹如天地一般的终极伦理意味：“古之学者，学礼而已矣；古之观人者，观礼而已矣。三千三百，无一非仁，故典曰天序，礼曰天秩，动作威仪之则，曰天地之中。”

唐伯元晚年精研礼学，结合了大小戴《礼记》《仪礼》等诸多作品而作《礼编》。《醉经楼集》中涉及礼之道的内容很多，从礼学中名分问题到婚丧之礼仪问题，从家礼到乡约到族规再到官场进退之仪，均有谈及。如《生母服说》解释家礼及丧仪诸法，《立后说》解释服孝和立后，《与顾叔时季时》谈及名分称呼等

潮州牌坊街表彰唐伯元的“理学儒宗”坊

等，《铨曹仪注》则介绍官场进退诸仪，由此可见唐伯元对于礼的尊崇。

晚明的社会，危机四起，思想界也驳杂混乱，许多士人认为动乱的根本原因是朝堂礼坏乐崩，学者夸夸其谈而缺乏实践，所以他们开始转向以崇尚礼仪、笃实修身来重建儒家的道德理想秩序，用“礼”来代替“理”，逐渐走向具有实践性、操作性的实学方向。明末清初礼学一度复兴，学者们处处讲礼，谨守行为仪节规范，把内在的省视拓展到外在的日常生活规范，形成一种由内而外的严格道德主义倾向。唐伯元虽然误信了《古石经大学》，但他的崇礼修身思想代表了有识之士的殷忧和转向，尽管有偏激之处（他本人后来也有所反省），但在一定程度上抵制了浮华不实的学风，教导后辈们端正姿态，正己修身，促使晚明学术思潮向经世致用方向转变，而这正是他学术思想的价值所在。

《明史》将唐伯元列于《儒林传》首卷，并有如下的盖棺定论：“清苦淡薄，人所不堪，甘之自如，为岭海士大夫仪表。”这样的赞美，在《明史》中是罕见的。

第四章 变奏启蒙：清末民初的岭南思想

憩伯營石居於玉泉山之麓自製聯屬題蓋有終焉之志矣

窮如是達如是處顛沛如是

歌於斯哭於斯聚國族於斯

丙寅重陽前一日梁啓超書

1644年，清朝入关，明朝覆灭，其中有各种各样的原因，而当时的儒者像刘宗周、黄宗羲、王夫之、孙奇逢等人，则从学术思想上进行检讨，一致将明朝的灭亡归咎于阳明心学特别是其末流那种高谈阔论、不务实事的做派，所谓“无事袖手谈心性，临危一死报君王”。当然，他们也并不是要简单地弃绝宋明理学这一学术传统，而是认为应该容纳、转向事功实学，在儒家的“外王”实践上做更多的发挥，而不是闭门索居，专注于那些抽象的形而上问题，从事空疏虚无的心性学问。这样一来，反省宋明理学便成为清初思想界共同的学术倾向，这催化了乾（隆）嘉（庆）时代（1736—1820）考据学的勃兴。

阮元画像

清代的考据学继承的是汉儒做学问的方法，又称为汉学或朴学，代表人物有惠栋、戴震、段玉裁、王引之、王念孙、章学诚等等。考据学的主要工作是对传统的经典文本进行整理、校勘、注疏、辑佚，最重要的特点就是重视证据——“实事求是”“无证不信”，而不是注疏者自己的任意发挥，这明显是针对宋明儒者习惯从经典中“借题发挥”，进而讲出自己之微言大义的学风。

明清鼎革之际，多方军事势力在广东沿海及广西展开拉锯战，岭南民生凋敝，文献毁于兵火，文教遭到重创。当乾嘉学派在江南兴起流行时，岭南学界却是一片沉寂，其再度振兴要等到嘉庆年间（1796—1820）阮元创立学海堂时才真正开始。

嘉庆二十二年（1817年），阮元接任两广总督的职务，发现广东“边省少所师承，制举之外，求其淹通诸经注疏以及诸史传者，屈指可数”（《新建粤秀山学海堂记》，《学海堂集》卷十六），因此他于嘉庆二十五年（1820年）初在广州粤秀山设立学海堂，将它作为全省学生学习经学、史学、辞赋的地方。阮元身体力行、亲力亲为，或为学生讲经析疑，或聘请名儒、书院山长负责出题、阅卷、评定名次等日常教务。当时的学海堂规模虽然不大，但是对汉学在岭南的流行发展起着关键的作用。在此风气的带动下，民间自发组织了研讨古文经史之学的学术团体——希古堂，参与的人有谢念功、吴兰修、吴应逵、曾钊、林柏桐、张维屏、黄培芳、张杓、马福安、熊景星、徐荣、黄子高、邓淳、温训、胡调德等。其中有11人后来成为学海堂学长，学长制是道光六年（1826年）阮元离任前制定的，这项措施，不仅使汉学的传统得以保留，而且也团结了民间学术团体。在后来的学术发展过程中，众多岭南的学者发挥了重要的作用。

广东商船，19世纪通草纸画

鸦片战争爆发时，岭南既是西方列强最先侵入的地方，也是中西文化广泛传播、激烈碰撞的区域。当时中国的仁人志士，在国家、种族危急存亡之际，特别是在中日甲午海战之后，看到亚洲近邻日本在短时间内强大起来，便都将救亡图存的目光转向欧美，希望能够从西方寻找到新思想、新观念。这一时期，陈澧、朱次琦是转折人物，他们一方面继承了清代汉学的考据风气，另一方面又倡导学以致用，努力弥合汉学与宋学的分歧。此外，他们还积极向西方学习新的学问，开眼看世界，特别是陈澧，成为几乎无所不通的“全才”，就连当时林则徐、魏源也引之为好友，不时与他切磋西学。陈澧、朱次琦这种务实致用的学风开启了后来康有为、梁启超寻找救亡变法的新路向，也影响了孙中山以革命手段实现西式民主共和国的积极尝试。这些岭南先贤都是开中国风气之最先者，他们对国家、民族之未来的思考与探索在整个中国近代史中占有非常重要的位置。

第一节　陈澧：调和汉宋，作育英才

陈澧画像

陈澧（1810—1882），字兰甫，亦作兰浦，因数十年间的读书处叫“东塾”，以及晚年题其著作为“东塾读书记”，故世称“东塾先生”。

嘉庆十五年（1810年）二月，陈澧出生在广州的一个官绅家庭。在这样一个读书做官世家出身的陈澧，从七岁起就入塾读书，六年间读了“四书”、《诗》、

《易》、《尚书》、《礼记》、《左传》和唐诗，学了作文赋诗。道光三年（1823年），十四岁的陈澧开始了自己漫长的科举考试生涯。十七岁考取秀才，随后又继续考了几次乡试，到二十三岁才中举人。从二十四岁起，陈澧七次赴京会试，但都没有考中。在最后一次会试的时候，他自己已经预料不中，并决定不再走科举这条路了。他在给侄子的信中说："我年过四十，又筋力渐不如前，颇觉场中辛苦难受，此后断不踏棘闱矣。"（《陈东塾先生年谱》）

这种苦闷的科举经历对陈澧的生活和治学的影响有两个方面：首先，他自己不能够摆脱对科举的世俗见解，"今人之重科名，亦古人重门第之遗意，是以科名未可轻也"（《陈东塾先生年谱》）。他甚至试图通过科举得到一个治理地方的机会，"愿得县令，或有益于一方……澧非真不欲出者，而又不中，至是始有不出之意"。屡次不第令他非常失望。另一方面，这段经历又让他对科举的弊害有了切身的体会，陈澧痛斥"天下人才败坏，大半由于举业"（《与黄理崖书》，《东塾集》卷四）。对科举的失望和愤懑终于让陈澧选择退出，并选择了一条读书著述、培养人才的道路。

道光二十九年（1849年）正月，陈澧被任命为广东河源县学训导，但是他只到任两个月左右就告病辞职。咸丰六年（1856年）四十七岁时，他被拣选为知县，但他却不愿意出仕，只请得了京官国子监学录衔。到了光绪七年（1881年），他七十二岁，广东总督张树声和巡抚裕宽以陈澧和朱次琦两人“耆年硕德，学行纯笃”，向朝廷奏请褒奖，后来陈澧得赐五品卿衔。第二年即1882年，陈澧病卒，享年七十三岁。陈澧一生功名微薄，然而，他在治学和诲人的崇高事业中，锲而不舍，勇于探索真知，开创风气，数十年如一日，这些成就远非功名禄位可比拟。

在陈澧治学过程中对他产生过重要影响的，有阮元和他创办的学海堂。阮元（1764—1849），字伯元，号芸台，江苏仪征人。他长于考据训诂，曾校刻《十三经注疏》，汇刻《皇清经解》等。他在杭州创立了诂经精舍，1824年在两广总督任内于广州粤秀山创建了学海堂。他认为要改变当时浮浅的学风，就必须提倡朴学。学海堂与当时其他学堂不太一样，所设置的教学内容不讲八股，而是教授经、史、子、集和诗文，吸收优秀的举贡生员肄业。

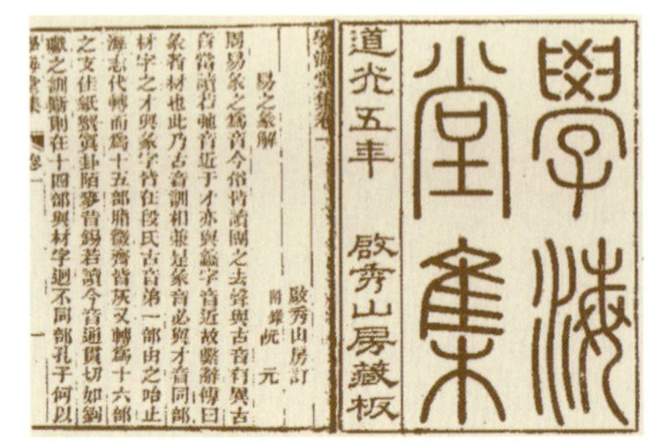

《学海堂集》书影

陈澧十七岁时曾经到学海堂参加季课考试，二十五岁入学海堂成为专课生。当时学堂开设了十三经、四史、文选、杜诗、韩文、朱子书等各种专书课程。专课生每人专攻一书，进行句读、钞录、评校、著述的研究工作。同时学堂设立学长多人，聘请德才兼优的学者担任，负责指导学生研究，并选编师生所作文章，刊印成

《学海堂集》，前后出四集（共89卷）。学海堂在阮元的指导之下，大力提倡训诂、音韵、文字，以及天文、数学、地理、历法等各种学科。这对陈澧后来的治学有极为深刻的影响。1840年，陈澧三十一岁，从这年十月开始，他就任学海堂学长，任期长达二十七年，在教学和研究两方面建树甚多，培养了不少具有真才实学的人，当时学者称他们为“东塾学派”。

1867年，这一年陈澧已经五十八岁，广东盐运使方濬颐创设了菊坡精舍，邀请他掌教。这所学府之所以称为“精舍”而不是“书院”，是因为“以书院多课时文，此当别为课”（《菊坡精舍记》，《东塾集》卷二）。陈澧总结了学海堂的经验，在菊坡精舍开设了经、史、文学等学科，分题课试，每年三十课，每课分题讲述，又讲论读书之法。他仿照《学海堂集》的体例，选录学生的课艺成果辑成《菊坡精舍集》若干卷。他在学海堂担任学长的时候，上面还有山长的领导，而在菊坡精舍，他自己是山长，这就更加方便他贯彻自己在学术和教育上的主张。他在精舍著书立说，培养人才，直至生命的最后时刻。当时东塾弟子中比较有名的有胡元玉、于式枚、廖廷相等。

陈澧一生的著述颇多，他自己在《自述》中就写道：“生平无事可述，惟读书数十年，著书百余卷耳。”对于这百余卷著作，陈澧有过这样的自我评价：

“予之学但能抄书而已，其精者为《汉儒通义》，其博者（非今人所谓博）为《学思录》，其切挚者为《默记》，不复著书也。”我们可以对著作类型做一些区分：第一，已成书的著作和未完成的著作，后者占有相当大的比例，例如《默记》，陈澧自认为这是他著作中的“切挚者”，但该书只是一条一条简短的随笔而已。第二，是已刊的书籍和未刊的书籍，后者有很多种，例如《老子注》《学校贡举私议》《古乐微》《古乐余论》《东塾杂俎》等等。第三，如果从体裁上来看，陈氏所著的书籍又可以分为“论著”和“编纂”两大类。前者如《东塾读书记》，后者如《汉儒通义》《朱子语类日钞》《陆象山书钞》等，都是按类别或按著书时序

陈澧《东塾读书记》书影

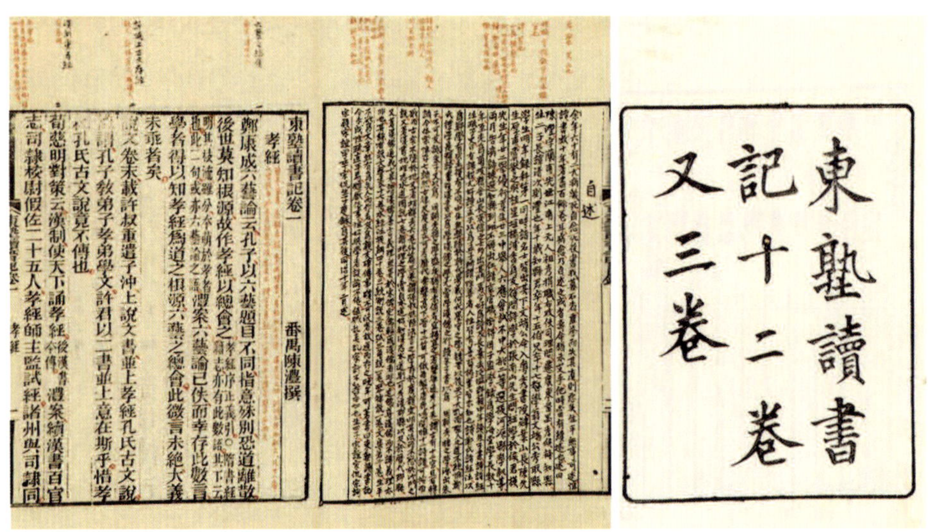

从原著摘编而成，不加任何说明和议论。第四，如果从学科性质来看，陈氏所著之书涉及许多门类，有经学、历史、文学、音韵学、文字学、声律、音乐、地理学、数学、书法等各大类。

陈澧所处的时代，战火纷飞，广东是西方列强侵入的首要之地。当时的英国疯狂地在中国进行鸦片贸易，又用炮火轰开中国大门。第一次鸦片战争中，当时的广州统帅奕山，在英国侵略军的进攻下竟然放弃抵抗，逃回京城，然而广州各地百姓仍奋起抗敌，番禺、南海、顺德等各县的乡绅，也带头组织“社学”，团练乡勇，参加抗英斗争。第二次鸦片战争爆发后，英法联军又侵占了广州城，清政府不但不组织攘外，反而镇压百姓，禁止人民的反帝运动。这种种情形，使得陈澧的思想受到剧烈的激荡。他虽然抱着潜心学术的想法，但是对于朝廷当局主战与妥协投降的各种势力之间的此消彼长，却十分关切。

林则徐是当时比较有作为担当的官员，其不满意政治腐败，要求改革弊政。他和黄爵滋、龚自珍、魏源等人组织宣南诗社，推崇今文经学，提倡经世致用。1839年，林则徐受命为钦差大臣，节制广东水师，查办鸦片事件。对于林则徐的到来，陈澧感到十分振奋，他称赞说：“林制军初至粤东，严办烟案，不独内地畏服，即外夷亦甚畏服……明谕诸夷贩烟者与内地民人一律治罪。”（《书〈海国图志〉后呈张南山先生》，《东塾集》卷二）表达了对林则徐之雷厉风行的敬佩之情。

除了禁烟以外，林则徐到广东之后，悲痛地认识到国家要图强，就必须充分地了解国外的具体情况，于是他便“日日使人刺探西事，翻译西书，又购其新闻纸”，积累不少西学资料，汇编成为《四洲志》一书。《四洲志》主要是叙述世界四大洲30多个国家的历史、疆域、政治等基本情况。后来，魏源在林则徐主持汇编的《四洲志》基础上，继续搜集资料，编成《海国图志》一书，更加详细地介绍各国政治、历史、地理、历法、宗教、风土人情、器物货币、军火战舰等状况。对于这本书，魏源在自述编撰的主旨时说：“是书何以作？曰：为以夷攻夷而作，为以夷款夷而作，为师夷长技以制夷而作。”（《海国图志·序》）对西方各国深

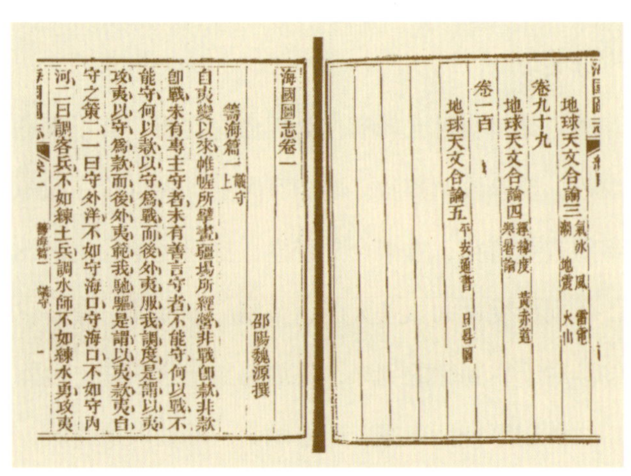
地球天文合論三 氣 冰 風 雷電 潮 地震 火山
卷九十九
地球天文合論四 經緯度 黃赤道 寒暑論
卷一百
地球天文合論五 平安通書 日晷圖

海國圖志卷一
邵陽魏源撰
籌海篇一 議守上
自夷變以來帷幄所擘畫疆埸所經營非戰即款非款即戰未有專主守者未有善言守者不能守何以戰不能守何以款以守為戰而後外夷服我調度是謂以夷攻夷以守為款而後外夷範我馳驅是謂以夷款夷自守之策二一曰守外洋不如守海口守海口不如守內河二曰調客兵不如練土兵調水師不如練水勇攻夷

《海国图志》书影

入研究以后，魏源认为西方国家比中国更加进步的地方在于，“夷之长技有三：一战舰，二火器，三养兵练兵之法”（《海国图志》卷二）。因此，他极力呼吁当时的清政府大办船厂和枪炮厂，以提高自己的军事技术，认为这样就可以巩固海防，打退帝国主义的入侵。

陈澧读了《海国图志》的初版本后，对魏源非常敬佩，认为他的学识和见地远远超过时人：“读之三叹曰，魏君可谓有志之士矣！非毅然以振国威、安边境为己任，何其编录之周详，议论之激切如此哉？”（《书〈海国图志〉后呈张南山先生》，《东塾集》卷二）1849年，魏源来到广东，陈澧和他一见订交，一起讨论学问，并且就《海国图志》一书提出了一些修改意见，魏源非常高兴地接受了。

陈澧首先认为《海国图志》是一本见识卓绝的好书，“其书罗列荒远之国，指掌形势，可谓奇书。其所论则以调客兵不如练土兵，及裁兵并粮、水师将弁用舵工炮手出身诸条为最善，切实可行，真有用之言也”。他肯定了魏源在书中所讲的一些军事方面的战术战法，但是对《海国图志》中涉及的几项战略战术却有不同的意见，并一一进行详细说明。如对书中《议攻篇》提出的“以夷攻夷”的议论提出了批评。魏源在《议攻篇》中认为应“效纵横家言，为远交近攻、近交远攻之说”，挑起英国与俄罗斯、美国、法国、尼泊尔四国之间的争端。陈澧不同意这种主张，并详细分析不可行的理由，他说：

> 夫胜负者不可必之事也。假令四国（尼泊尔、俄罗斯、美国、法国）出兵失利，则英逆（指英国）之气愈扬，我之气愈挫，其不可一也。又令四国一战而胜，则是为我复仇，为我敌忾，必自谓大有造于中国，其骄抗要求，必为我之所不堪，不满所欲，必且启衅。唐之回纥，是其覆辙，其不可二也。（《书〈海国图志〉后呈张南山先生》，《东塾集》卷二）

之所以不能够“远交近攻”，陈澧认为这是由当时的国际形势所决定的，因为俄罗斯、美国、法国等国家都是与英国一样，他们沆瀣一气，皆欲以侵吞中国为能事，无论请求哪个国家帮忙，最终无论哪一方获胜，对于中国来讲都不是什么好事。这一方面，陈澧要比魏源看得透彻。

对于魏源在书中提出“调水师不如练水勇（指水上民兵）”的办法，陈澧认为，这种策略作为权宜之计，未尝不可，但是如果从巩固海防的战略高度而言，则应训练正规水师。这是因为“兵之外复有勇，则兵必卸责；勇之赀厚于兵，则兵必解体。……勇散为盗，在在劫掠，又其害之彰明较著者”。如果按照魏源的办法，最终可能会本末倒置，权责不分，导致人心涣散。

此外，魏源还提出“守海口不如守内河”的主张，陈澧分析了其中各种利害得失，认为：“守必据险。海口有险则守海口，内河有险则守内河。然必海口无险可守，然后守内河。……以吾粤言之，猎德大黄滘，地势平衍，孰如虎门之险峻乎？”

最后，陈澧总结说：“夫兵凶器，战危事，不可易言之也。好奇则祸必烈，贪功则其患必速。信影响之谈，则其计必误。为不可行之说，则临事无一可用。”（《书〈海国图志〉后呈张南山先生》，《东塾集》卷二）陈澧向魏源提的意见，基本上是从实际出发，经过认真思考权衡的，而不是纸上谈兵，从这里也可以看到

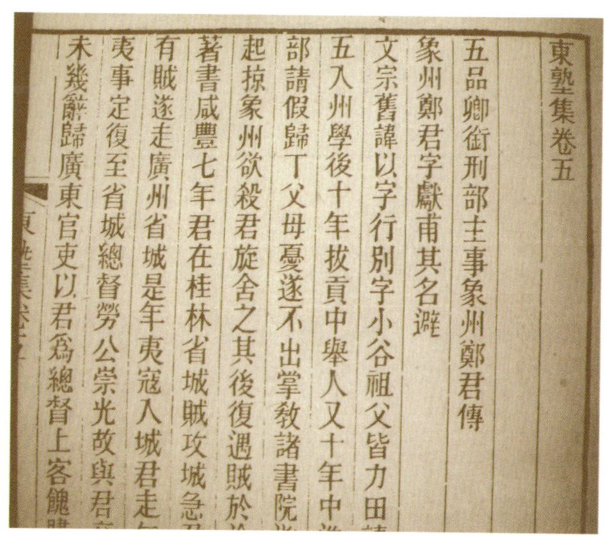
東塾集卷五
五品卿銜刑部主事象州鄭君傳
象州鄭君字獻甫其名避
文宗舊諱以字行別字小谷祖父皆力田
五入州學後十年拔貢中舉人又十年中
部請假歸丁父母憂遂不出掌教諸書院
起掠象州欲殺君旋舍之其後復遇賊於
著書咸豐七年君在桂林省城賊攻城急
有賊遂走廣州省城是年夷寇入城君走
夷事定復至省城總督勞公崇光故與君
未幾辭歸廣東官吏以君爲總督上客餽

《东塾集》书影

他在抵抗侵略上的一些战略思想。

仕途不畅，陈澧便毕生著书育人，他认为这也是用世、济世的一条道路。这就让他与那些只为读书而读书的士人的态度区别开来，即具有明确的目的性。他说："政治由于人才，人才由于学术，吾之书（指《学思录》）专明学术，幸而传于世，庶几读书明理之人多，其出而从政者，必有济于天下，此其效在数十年之后者也。"（《与胡伯蓟书》，《东塾集》卷四）他又说"见时事之日非，感愤无聊……将竭其愚才，以著一书，或可有益于世"（《与黄理崖书》，《东塾集》卷四），将学术研究和培养人才作为当时政治改革的根本举措，无疑是对时局的深刻认识，这也使得后来以康有为、梁启超为首的一批岭南学人热衷政治，勇于改革维新。

陈澧的学以致用、以学术为政治服务的观点，还表现在他的治学内容上。他一贯主张汉学、宋学并重，互相沟通，指出：

> 汉儒说经，释训诂，明义理，无所偏尚，宋儒讥汉儒讲训诂而不及义理非也。近儒尊崇汉学，发明训诂，可谓盛矣。澧以为汉儒义理之说，醇实精博，盖圣贤之微言大义，往往而在，不可忽也。……窃冀后之君子，祛门户之偏见，诵先儒

之遗言，有益于身，有用于世，是区区之志也。（《汉儒通义·序》）

清代学术以朴学为主，崇尚汉儒，加上现实严酷的文字狱，往往不务实事。面对当时的学风，陈澧有意匡正，但是他并不是把汉学、宋学简单拼凑在一起，他说：“今人只讲训诂、考据，而不求其义理，遂至于终身读诵各书，而做人办事，全无长进，此真与不读书等耳，此风气急宜挽救者也。”（《学思自记》，《东塾著稿》钞本第一百四十册）虽然陈澧非常重视训诂考据，但是他认为：“然则解文字者，欲人之得其义理也。若不思其义理，则又何必纷纷然解其文字乎？”（《与黎震伯书》，《东塾集》卷四）在这个意义上，他的主张实际上是以考据训诂为手段，以发明义理为目的，归结于经世致用。经学，一定要有用有益，而不是为了学知识而学知识。

陈澧着眼于有益有用之学，还体现在他非常重视自然科学和技术，对于天文、数学、地理、律历、音韵、文字、音乐等各种专门学科，其认为“皆儒者之事，然必专门乃能精通”，他自己在这方面也有很深的造诣，尤其以地理、音韵这两门学科的成就最大。

他研究地理，非常注重地图，他曾指导家中的西宾绘制《占郡县图》，后来因为此图没有绘制水道，又到处搜寻，以高价买了三幅《汉书地理志水道图》。他认为："读史不可不明地理，考地理不可无图……唯以地理之学，水道尤难，乃考《汉志》水道为之图说，起于蒲昌，讫于黑水，自西而东，自北而南，剌取志文，编排次第，以今释古，著其源委……两山之间有水，两水之间有山，山川相间，古今无改……惟水行平土，湮变遂多。"（《汉书地理志水道图说·序》）

陈澧在音韵学方面也有创造性的研究，他所撰写的《切韵考》，采用反切用字联系法分析声类和韵类，方法精确。对广韵和广州方言尤有深入的研究，他认为"广州方音合于隋唐韵书切语，为他方所不及"，"盖千余年来中原之人徙居广中，今之广音，实隋唐时中原之音，故以隋唐韵书切语核之，而密合如此也"（《广州音说》，《东塾集》卷一）。

陈澧也是一位贤明的教育家。他在教育理论和教学方法上都有不少精辟的见解。关于学校教育的地位和作用，他认为："人主所与治天下者，人材也；所以教育人材者，学校也；取人材而用之者，贡举也。是故学校、贡举之法善，则得人材，而天下可得而治矣；其法不善，则不得人材，而以治天下不可得也。"（《学校贡举私议》钞本）他在学海堂和菊坡精舍的教学实践中，认真改革教学内容和方法，尤其重视蒙童教育，他主张应根据学者的水平，编辑通俗的启蒙读本：

> 夫学问之事，莫难于入门，既入其门，则稍有智慧者，必知其味，而不肯遽舍，在乎老师宿儒引而入之。入门者多，则此道日昌，其能深造者为通儒，不能深造者亦知其大略，而不致茫昧，而文学彬彬矣。故精深浩博之书，反不如启蒙之书之为功较大，而独恨百年以来未有著此等书者也。（《与徐子远书》钞本）

培养学生应该从小开始，所编写的教材不应晦涩高深，唯有入门的基础打得牢实，懂得进入学问的门径，才不至于让学者望洋兴叹，踟蹰不前。这也是陈澧教学实践中务实的一面。此外，他还主张德育和智育并重。因敬仰顾炎武，他把顾氏所说“行己有耻，博学于文”作为教育宗旨，尤其强调“行己有耻”，因为这是学者最基本的人格操守。至于“博学于文”，他认为应该逐步扩充学习内容，“当先习一艺。《韩诗外传》曰：好一则博，多好则杂也”（《菊坡精舍记》，《东塾集》卷二），要做到博而不杂。

陈澧在哲学方面论述得较多的是人性问题。他研究了先秦以来各家的人性学说，最后认为孟子的性善说讲得最好，他做出了自己的理解：“孟子所谓性善者，谓人人之性，皆有善也；非谓人人之性，皆纯乎善也。”（《东塾读书记》卷三）也就是说一般人的人性皆有善，恶人之性也有善，而不是单纯的善或单纯的恶，这当然是从后天经验的层面来理解孟子了。在此基础上，他又批评了荀子和韩愈的人性观，认为荀子的思想主张最不可取，因为他假设人性是恶的，但是又认为人会产生善心，这是自相矛盾的。事实上，陈澧关于人性的理论和他的教育思想密切相关，这也成为他毕生教导青年的思想基础。

陈澧开创了一代新学风，努力将当时的学人从乾嘉年间（1736—1820）埋头考据的狭窄天地引导出来，极力调和汉学、宋学的门户纷争，重视自然科学，在教学改革、文献整理等方面作出了积极贡献，他在教育、学术上的功绩蜚声于时。

第二节 朱次琦：变革学风，谆行教化

朱次琦讲学像

朱次琦（1807—1881），字稚圭，号子襄，广东南海县（今佛山市南海区）九江镇人，世称九江先生。嘉庆十二年（1807年），朱次琦出生于一个乡绅家庭。他的母亲张氏懂得一点文史知识，在他两三岁的时候就教他念唐诗。青少年时期的朱次琦聪敏好学，喜爱读书，遇到好书，就爱不释手，即使是典当掉自己的衣服都要去买回来，有些书实在买不到，倘听见某藏书家那里

有，也一定要设法借来读。他十八岁时进入省城羊城书院肄业，当时的山长谢里甫是有名的书法家，朱次琦向他虚心求教，谢里甫教他学习所谓“内丹”“外丹”之法。“外丹”的要诀是：“实指虚掌，平腕竖锋，小心布置，大胆落笔，意在笔先，神周字后。”“内丹”则讲究“手软笔头重”。从此朱次琦书法大进，后来也成为名家，但他却很有原则，不随便为人作字。

和当时绝大多数的读书人一样，朱次琦从青年时期就开始参加科举考试，二十一岁考取秀才，三十三岁考取举人，四十一岁考中进士，在此以前的二十年岁月中，他基本上过的是乡居读书生活。但是，富有正义感的朱次琦并不是书呆子，他也常常参与公共活动，为乡里治政出力。道光十三年（1833年），南海九江镇一带洪水决堤成灾，水退后群众衣食困难，于是他带头向乡政当局建议设立义仓周济灾民，以渡过难关。1837年，

朱次琦手迹

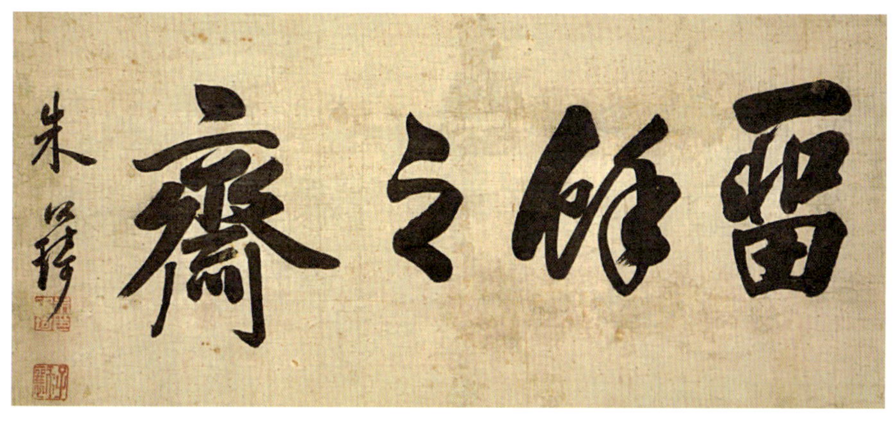

九江周围数十里地方建立起乡约，乡约中有禁赌的条目。当时有一个武举人，年岁已经老迈，但是仍然纵赌图利。朱次琦带头执行乡约，向当局检举，置之于法。1839年，九江镇又面临洪水威胁，这一次朱次琦发动乡民赶赴险堤，冒着暴风雨，亲自指挥抢救。由于堤址一带原是乱葬岗，为了加固堤围，必须挖出一些坟墓，但是乡民们迷信，害怕掘坟会遭到报应，迟迟不敢动手，于是朱次琦带头掘坟，并且大声向乡亲们说，如果决了堤，这里整块地都会被水淹没，哪里还有墓冢尸骨呀？如果这些先人真的不肯原谅我们，那就让他们向我一个人作祟报复吧。在他的劝说鼓动之下，乡亲们终于行动起来，挖坟固堤，保全了家园。

之所以热心家乡事业，是因为朱次琦始终以做一个有担当的儒家士人来要求自己，他说：

> 天于兆民之中，独畀一二人才。盖兆民苦乐，皆寄之矣。……吉凶与民同患，圣者出之安，贤者体之勉，当官举其事，下士尽其心。人必思所以自居，衎衎度日，生无益于时，死无闻于后，虽活百年，犹殇子尔。（《朱九江先生年谱》）

上天生育万兆黎民，是有社会分工的，不同阶层和身份的人各安其责，社会自然能良好运转。如果不能有所作为，死后默默无闻，即使苟活百岁，又有什么意思呢！一个心志圣贤的儒士与愚夫愚妇的根本区别，就在于他有一种勇于担当的人格自觉，在于他时刻有解黎民于倒悬的恻隐之心，在于他与天下同甘共苦、同忧同乐，这种责任与担当在青年朱次琦胸间打下很深的烙印。

朱次琦考取举人以后，多次赴京参加会试，当时的士大夫争相与他结交，但是他不攀附权贵。当时有一位姓祁的尚书多次邀约他见面，都被他推辞了，他在京城依然我行我素。他外出拜访朋友，多半是为了借阅图书。后来，他也以此教导学生们说："处子耿介，守身如玉，谷暗兰薰，芳菲自远。"（《朱九江先生年谱》）一个人只要身正，其他人便自然而然会追随他，其并不需要刻意去巴结高官达贵，这是一个儒者应有的气节。

道光二十七年（1847年），朱次琦终于考取进士，随后便被委任为知县，只身前往山西省上任。这对他来讲是一生中的重大转折，其终于实现了"学而优则仕"这一传统读书人的理想。他在宗亲祝贺其得官时答谢说："科名适然耳。为官谈何容易？今而后何以宣上德，何以达下情，诸君子殷勤教诲。"（《朱九江先生年谱》）得中虽然是一件令人高兴的事情，但肩上的重担如何履行，这才是朱次琦首要考虑的。"为官谈何容易”一叹，既委婉道出当时官场的腐败，又表明了以下这点，即在民生维艰、内外交困的时局下，如何在自己的职位上真真切切为老百姓做一点事情，这才是朱次琦心中挥之不去的忧绪。

朱次琦任职山西的1852年春，晋蒙接壤处发生了一宗严重的民族纠纷事件。晋北“边氓”（山西北部边境的农民）租种属于蒙古人的土地，他们恃人多势众，不遵约纳租，激怒了蒙古人，彼此发生争执，双方约定日期决斗。但晋民在约期的前夜偷袭蒙古人，使700多蒙古人遭到屠杀。蒙古人扬言要讨还血债，同时又向清廷告状。清廷责成山西当局解决，山西抚军准备派兵剿捕肇事的“边氓”，后者则准备武力拒捕，一场流血事件一触即发。朱次琦得知情况后，趁夜拜访主管司法的按察使，建议不要派兵进剿，认为只需要派遣一个干练的官员到晋蒙交界处进行斡旋，首先是要传谕晋北父老交出杀人的罪魁，把他们交给蒙古人处置，并按朝廷的意旨劝说蒙古人放弃武装复仇的计划。按察使把这个方案告诉抚军，抚军又上报清廷，最终得到批准。为此，当局还特别任命朱次琦担任调解晋蒙民族纠纷的专员。朱次琦当仁不让，深入乱区，多方调解，果然平息了一场迫在眉睫的兵祸，立了大功。

因为这件事处理得当，同年六月，朱次琦得到了署理襄陵知县的实职。他在襄陵任内虽一共只有190天，却实实在在做了一些对老百姓大有裨益的事情，比较重要的有下面几件事情：

第一，智擒剧盗，为地方除害。当时襄陵有剧盗赵三不棱，绿林啸聚，白昼横行，劫杀行旅，作案甚多。前任县令把他拘捕，但是不久他便越狱逃走。朱次琦接任后，立即了解案情，表面上佯装有病，不出公差，但是暗地里却出重金派人搜集盗贼的下落，确凿情报一到，便秘密派兵趁夜前去包围捕捉，当时赵三不棱正和同党在酒楼吃饭，只能束手就擒。

第二，消灭狼群，保护人畜。襄陵城河东有恶狼成群出没为害，当地老百姓迷信狼是天降神物，不敢捕杀，甚至还建西山神祠祭祀，以求免灾。朱次琦到任时，恰巧有一个姓席的女子在出嫁前夕被狼咬死，一时间人心惶惶。朱次琦一开始是出重金招募猎户打狼，但是当地猎户不敢响应，最终徒劳无功。无奈之下，他只能亲自赴西山神祠毁坏神像，表明自己的打狼决心，同时又苦心劝谕，让百姓知晓狼群并非神物，最终他率领各村乡勇携带火枪等武器，跟踪狼群足迹，一举打死100多头恶狼，狼患从此杜绝。

第三，打击豪强垄断河水的恶行，兴修水利。襄陵和临汾两县一向分用平水的河水灌溉田地。当时有一个豪强恃势垄断河水，威迫农户购买水券，没有水券就不能使用河水灌溉，由此引起争水的械斗。每年卷入这种纠纷的不下数百人，还造成几宗血案。朱次琦到任后，立即宣布废除水券，定下了“以地随粮，以水随地之制”，并会同临汾知县周某，兴建平水水利工程，合理分用河水，使十万亩水田得到灌溉，也平息了多年来争水的风波。

第四，改革县官办案制度，整肃政风，实行亲民作风。他说：“邑令者，亲民之父母也。父母之于子，何时何事不可以闻？”与民众约定，如果有事告官，到衙门来击鼓，不问旦暮，一听到鼓声他就会坐堂。状告无需固定的日期，状书无需固定格式，不懂书写的，口述也可以。他每次出行，只需一个老奴仆驾驴，一个小吏背笔墨，一个杂役负衣粮，不用其他随从。所到之处，举止谦逊，老老少少对他亲如家人。半路遇到申冤上诉的，他就随便要个木头坐在路边，立即判牍。他就是这样四处咨访民间疾苦，凡是善政善举，都想着怎样切实施行。

在山西为官七年，朱次琦节俭自持，廉洁奉公，“不载晋一钱”。最开始来山西赴任的时候，他已经预备好南归的旅费，归途中却遇上兵荒，又因为生病，用度不敷，到了赣南时不得不把随身的毛裘典当才凑足旅费回到广东。

当朱次琦任期将满的时候，南方告急。太平天国军已经攻破武昌、安庆，建都南京，进军扬州一带，他看到清廷彷徨失据，就上书提出一个山西陕西联防的“晋联关陇”对策。但这一次当局却并不欣赏，山西有一个抚军还讥讽他“未事张惶”。朱次琦见天下大势不可为，毅然选择急流勇退，返回家乡。他在致友人书中说：“世难方殷，靡知所底……宜有所寄……宜在修学。”（《答王菉友书》，《朱九江先生集》卷七）这时他已经年过五十，时局令人失望，他只能把报国救民的初心转移到讲学育人上来。从那时开始，他就扎根九江镇礼山讲学，长达二十余年。

朱次琦晚年著述非常勤勉，他曾对门人说，他的书稿有七种。一是为效法朱子所写的《国朝名臣言行录》。二是《国朝逸民传》，记载当朝有志节而不仕的逸民。三是《性学源流》，阐发儒家心性之学的根本。四是《五史实征录》，记载宋辽金元明史。五是《晋乘》，记载山西的史乘。第六种论及清朝的学术思想，

朱次琦墓，位于南海九江下西龟岗

模仿黄宗羲的《明儒学案》，而不分汉学宋学，以辨正《汉学师承记》里的门户之见。第七种是记录蒙古的《蒙古见闻》，其有助于边防军略。

令人感到遗憾的是，这一批著作在他晚年发病时被其付之一炬，最终都没有流传下来。至于他焚烧自己书稿的原因，众说纷纭。他的弟子认为他是因在病中无法完稿，于是干脆将书稿烧了。梁启超认为是他晚年目睹剧变，自认著作无益于当世，故焚之，现在的某些学者则认为是与儒家述而不作的传统有关，其治学特点与当时强调著述的考据学风正相反，焚书正是他一生治学精神的集中体现——留人格不留书籍。

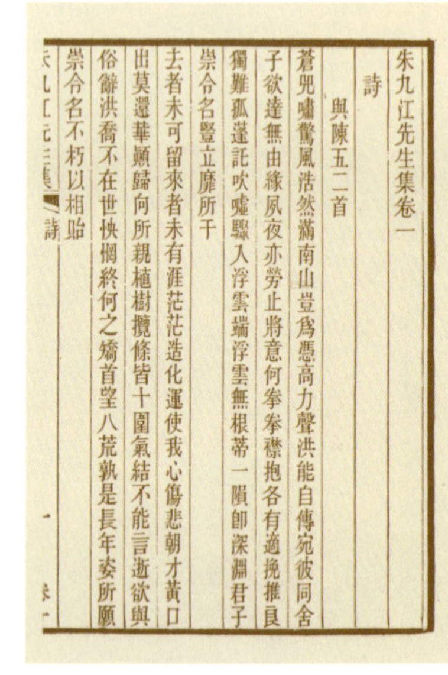

朱九江先生集卷一

詩

與陳五二首

蒼兕嘯鷩風浩然滿南山豈爲憑高力聲洪能自傳宛彼同舍子欲達無由緣夙夜亦勞止將意何拳拳襟抱各有適挽推良獨難孤蓬託吹嘘驟入浮雲端浮雲無根蔕一隕即深淵君子崇令名豎立靡所干

去者未可留來者未有涯茫茫造化運使我心傷悲朝才黃口出莫還華顛歸向所親植樹攬條皆十圍氣結不能言逝欲與俗辭洪喬不在世怏惘終何之矯首望八荒孰是長年姿所願崇令名不朽以相貽

《朱九江先生集》书影

光绪七年（1881年）七月，朝廷因为他“讲明正学，身体力行，比闾族党，薰德善良”，诏赐给他五品卿衔以示表彰。不久他就生重病，于当年十二月十九日去世，终年七十五岁。

朱次琦生前没有刊印著述，他的学术思想集中在他的学生、顺德人简朝亮编成的《朱九江先生集》一书中，此书共10卷，于1894年出版，其中诗5卷，文5卷，而文多属书信、墓志铭之类。他自著的七种都未找到。简朝亮对此有一个说法：

> 虽然先生之书未传于人，而先生之行之言，人固得而见闻矣。况其暮年讲学，上辨古人，

下穷今日，其所以勤告者，必其所以欲为书之精意，岂犹有隐而不宜者乎？先生讲学，尝陈时病，力辟其非，以箠击案曰："即如著述，当在斯也。"（《朱九江先生集·序》）

简朝亮在编纂老师年谱的时候，曾经把他讲学的宗旨和要点整理出来，它们多少可以反映朱次琦学术思想的大概，下面我们将作一简单介绍。

对于治学读书的范围，朱次琦有自己的看法："读书之实五：曰经学、史学、掌故之学、性理之学、辞章之学。"经和史虽各有所专，但是又互相发明。"夫经明理，史证其事。以经通经，则经解正；以史通经，则经术行。"至于掌故之学，是"古今之成法也"，对它的研究可以用来论证经史的意义。性理之学，"所以明吾学之大"，是关于心性道德之学的枢纽；但"性理非空言也"，而是关乎安身立命、处已待人的原则。

关于道德修身的次第，朱次琦认为："修身之实四，曰：惇行孝弟，崇尚名节，变化气质，检摄威仪。"他认为，孝悌之行要诚心，他要求一个人要像古人那样去感化家庭成员。崇尚名节，就是要做到"谨慎辞受、取与、出处、去就之间，昭昭大节……照人如日月之在天"。这就要求我们的进退抉择合乎道德规范，而不应该苟且、屈从于现实利益。变化气质，贵"能自克而胜气质，则刚柔济事。……不能自克而胜气质，则刚柔害事”。人的气质有刚有柔，不能任其发展，必须善于自我克制，应刚则刚，应柔则柔。至于检摄威仪，他很强调威仪的重要性，这是对《论语》中“君子不重则不威”的发挥。朱次琦关于道德修养的论述，强调身体力行，并且他自己也能以身作则，所以得到当时士庶的尊敬。

针对宋学与汉学相争胜的时风，朱次琦认为不应该区分汉学和宋学，直陈汉学、宋学并非互相矛盾，主张调和二者。他认为朱子是汉学、宋学的集大成者，并推崇其为经学正宗。同时，朱次琦对心学颇多批判。他首先针对王阳明，认为阳明自己的学问事功都是由读书开始的，可阳明却讥讽朱子因读书而导致后学空疏不学：

> 王姚江讲学，讥朱子读书，曰：“致良知可也”。学者行之，流弊三百余年。夫良知良能，皆原孟子，今举所知而遗所能乎？既不读书，何以致良知也？不读书而致良知，宜姚江不以佛氏明心为非也。此心学之弊也。……昔者姚江谪龙场驿，忆其所读书，而皆有得。姚江之学，由读书始也。故其知且知兵，其能且能御敌。（《朱九江先生年谱》）

他对陆象山也有类似的批评："陆子静善人也，未尝不学。然始事于心，不始事于学，而曰六经注我、我注六经。虽善人，夫其非善人之道也。"他对乡贤陈白沙的学说也同样不以为然："陈文恭（白沙）之学，非不宗朱子也。文恭自谓于古圣贤之书，无所不读也。其诗曰：'吾道有宗主，千秋朱紫阳。'此其所由入德也。……文恭之教，使学者端坐澄心。未读书而静养，则所养者未必端倪之正也。"对这三人的批评，朱次琦其实都是基于同一个思路，即反对他们所主张的——求学只需要反求诸心，而不需要读书明理，格物致知。他认为读经的目的在于经世致用，读书是为了明理，明理是为了处事，而只有先自治其身心，而后才能将所读之书应用到治国平天下。当然，这是清儒对象山、阳明、白沙的一贯成见，但无论如何，朱次琦学问风格之中正平实这一点，却是十分明确的。

朱次琦除了推崇朱子之外，也很称赞韩愈，认为韩愈提倡"通经致用"的方针十分重要。他推许韩愈复兴古文的功绩，说："韩子读三代两汉之书，志其谊，法其文，文成古文，谊求古谊。"他欣赏韩愈的诗，认为韩愈与李白、杜甫、苏轼，是"诗之四雄"。在评价韩愈的问题上，朱次琦还同他的学生康有为发生过一场尖锐的争论。1876年，十九岁的康有为到九江礼山草堂跟随朱次琦读书。康有为对老师的学问人品是十分钦仰的，曾说：“于时捧手受教，乃如旅人之得宿，盲者之睹明，乃洗心绝欲，一意依归，以圣贤为必可期，超然立于群伦之表，与古贤豪君子为群。信乎大贤之能起人也！藉非生近其时，居近其地，乌能早亲炙之哉？”遇到朱次琦，康有为就仿佛见到人生的指路明灯一样，庆幸自己生逢其时其地，得以亲近就教。但到了1878年，康有为在学习古文的时候，发觉韩愈的思想并不怎样高明，而“先生甚称韩昌黎之文，因取韩柳集而读之，亦遂肖焉。时读诸子书，知道术，因面请于先生，谓昌黎道术浅薄……若如昌黎不过文工于抑扬演灏，但能言耳，于道无与。即《原道》亦极肤浅，而浪有大名，千年来文家颉颃作气势自负，实无有知道者”。看到对韩愈的这种严厉批评，素来方严的朱次琦“乃笑责其狂。……同学渐骇其不逊”。然而，即便狂妄如康有为，其从始至终对老师也是毕恭毕敬的。

论及经史关系的时候，朱次琦强调经史互证：“史之于经，犹医案也……《书》与《春秋》，经之史、史之经也。百王史，法其流也。正史纪传，《书》也。通鉴编年，《春秋》也。以此见治经治史不可以或偏也。”同时，他对掌故之学也有深刻的认识，认为从掌故可以了解各种典章制度，特别重视史学“九通”——杜佑的《通典》、郑樵的《通志》、马端临的《文献通考》、“续三通”、“皇朝三通”。

朱次琦在南海县九江镇生活和讲学数十年，躬行实践，教化乡人，帮助父老乡亲制定乡规民约，逐步使九江镇形成一种淳厚的民风，粤省各地都曾传闻九江先生大名。他有诗句说：“男儿自有千秋业，堪笑平生志大魁。”（《书赵瓯北年谱》，《朱九江先生集》卷一）不屑于一时功名，求千秋道德伟业，正是九江先生一生为学精神的写照。

康有为

第三节　康有为：启蒙改革，世界大同

康有为（1858—1927），字广厦，号长素。“有为”是出生时伯祖父康学修按族谱的“有”字辈起的谱名。1877年，祖父康赞修在连州训导任上遇水灾覆舟死难，康有为因此得荫监生，于是起名“祖诒”以为纪念，直到1895年得中进士后才用回原名。康有为是一个世人对其褒贬不一的人物，他是近代中国具有深远影响的思想家和政治家。直至今日，国内研究儒家政治文化的学者，仍然能从康有为那里汲取到思想资源。

一、青年时期的学习历程

咸丰八年（1853年）二月初五，康有为出生在南海西樵山银塘乡一个官绅家庭。他的祖父康赞修官至连州训导，父亲康达初，则官任江西补用知县，其叔祖康国器曾经参加过镇压太平军的军事行动。康有为的家庭背景，让他从小便接触到良好的儒学教育。

康有为从小跟随祖父康赞修、岭南名儒朱次琦修习理学。五岁就能背诵数百首唐诗，六岁就熟读《大学》《中庸》《论语》和朱子所注《孝经》。宋明理学的传统跟当时清代所流行的考据学不一样，它更多诉诸学者的内在心性，而不是繁琐的考据。朱次琦的教学重视躬行践履，康有为受其影响，“以圣贤为必可期”，“以天下为必可为”，认为圣贤的学问是可以经过学习修炼达到的，而天下的大事是可以通过儒家的学问来解决的。后来，他又跟随朱次琦攻读《周礼》《仪礼》《尔雅》《说文》《水经注》《楚辞》《汉书》《文选》等。他在这些书上用力颇深，以至于有所省思，认识到读书太多反而会干扰自己的思考，于是开始“闭户谢友朋，静坐养心”。据他自述，“静坐时忽见天地万物皆我一体，大放光明。自以为圣人则欣然而笑，忽思苍生困苦则闷然而哭”。这种体悟使他认为自己已经悟到圣人的境界，因此，他认为问题的关键不再是做读书明理、克己修身的内圣工夫，而是拯救困厄苦难的天下苍生，弘扬孔子立志救世的外王学问。

康有为在二十二岁那年离开朱次琦，一个人前往西樵山白云洞潜修，读了不少经世致用的书，如顾炎武的《天下郡国利病书》、顾祖禹的《读史方舆纪要》等。同年，他游历了一次香港，眼界大开，开始阅读《海国图志》《瀛寰志略》等书，广泛涉猎西方知识，从中学转向西学。光绪八年（1882年），康有为到北京参加会试，回归时经过上海，进一步接触了西方各国的政治制度和自然科学，这使得他逐渐认识到，当时中国的落后与文化制度上的落后有着直接的关联。目击西方列强的入侵、清政府的腐败，年轻的康有为心里燃起了救国的信念，他立志要通过向西方学习进步的文化、制度来挽救处于危难之中的国家。

二、兴学与变法

康有为“日日以救世为心，刻刻以救世为事”，满心以变法革新为己任。光绪十四年（1888年），康有为再一次到北京参加顺天乡试，借机第一次上书光绪帝，请求变法，但上书因受阻未能上达。同年九月，他继续上书光绪帝，痛陈祖国的落后现状，批判因循守旧，要求变法维新，提出了“变成法，通下情，慎左右”三条纲领性的主张。

《上清帝第一书》的独特之处，是它要“变成法”，但它没有提出任何具体的变法措施，只是说要

“采周汉之法意”。如果不对里面的文字细细考察，其中反对引进西方国家“奇技淫巧”的字眼很容易被错认为是守旧派的老调。然而，这其实是康有为在“托古”的掩护下，严厉批判“上体太尊”的专制官僚政治体制。此外，他所讲的“变法”，仅仅只是关于权力的再分配而已，而没有关于文化、制度、技术的具体改革办法，因为在康有为看来，后者只是“变事”而已。

广州万木草堂

光绪十七年（1891年），康有为应陈千秋、梁启超之请，在广州长兴里万木草堂讲学。所谓“万木草堂”，既寓有育人如植树之意，又有万木逢春，盼望得到明君赏识重用之意。而主要的讲学内容是“中国数千年来学术源流、历史政治沿革得失，取万国公法比例推断之”，“大发求仁之义，而讲中外之故，救中国之法”，并为变法运动创造理论。在此期间，康有为先后写了《新学伪经考》和《孔子改制考》两部著作，借孔子之名，鼓吹变法思想，不过它们并没有像预想中那样对变法产生很大的推动作用，因为从当时学人的情况来看，赞成变法的人占少数，大多数人都持着一种观望的态度，康有为这两本离经叛道的著作没有使这些观望的知识分子心悦诚服，相反还使他们产生了很大的困惑，这对后来戊戌变法的失败也有影响。这是康有为本人撰书时预想不到的。

1895年，甲午中日海战中国战败，这宣告了以李鸿章为代表的洋务派企图通过学习西方先进的技术来振兴国事之努力的失败，这使得整个清政府内部及知识分子阶层中皆弥漫着悲观不振的气氛。光绪二十一年（1895年）三月二十三日，清政府与日本签订《马关条约》，瓜分危机迫在眉睫。康有为趁入京应试的机会，联合各省应试举人1300余人，于四月初八联名请愿，这就是所谓的“公车上书”。在“公车上书”中，他请求拒和、迁都、练兵、变法，提出“下诏鼓天下之气”“迁都定天下之本”“练兵强天下之势”“变法成天下之治”等救国方略。然而，上书被拒绝代呈，光绪皇帝并没看见。

他认为变法关键在于富国、养民和教民这三个大的方面。其中，富国的方法，康有为概括为六个方面：（一）钞法，户部用精工造钞票，设官银行，以扩充商务；（二）建筑铁路，收我利权；（三）制造机器、轮舟，奖励新制造，并发展、保护民营工业；（四）矿务，开设矿学，请比利时人教导勘测，选才督办，不滥用私人；（五）铸银，各省设铸银局，以塞漏卮；（六）邮政，设邮政局。关于养民的方法，一共有四个，分别为：（一）务农；（二）劝工；（三）惠商；（四）恤穷。最后的教民之法，则为分立学堂，开设报馆，以“化导愚民，扶圣教而塞异端”。

在饱经挫折之后，命运终于眷顾康有为。不久，会试发榜，他中了进士，后来授工部主事。不过他未到署，却在随后递上《为安危大计乞及时变法富国养民教士治兵求人才而慎左右通下情而图自强折》，即所谓《上清帝第三书》，提出了一些变法革新的具体方略。

在甲午海战失败之阴影的笼罩下，都察院这次不得不将此充满激进革新的上书呈报给皇帝。急于雪耻的光绪帝看到后非常振奋，随即命令另行抄录，呈递给

康有为与梁启超师徒合影

慈禧太后，上书随后在满、汉大臣中引起了共鸣。这种共鸣，一方面是因为康有为书中所呈现的锐意革新之气，另一方面则是因为这一次上书没有涉及政治改革，或许这是康氏有意为之，但无论如何，康有为正是藉此开始被推上当时的政治舞台这点却是显而易见的。

光绪二十四年（1898年）六月十六日，光绪帝在颐和园勤政殿召见康有为，任命他为总理衙门章京，准其专折奏事，筹备变法事宜，史称戊戌变法。变法之初，康有为与梁启超、谭嗣同、杨深秀等人积极谋划，帮助光绪帝推动了一系列的改革，此后，康有为迭上奏折，在政治、经济、军事、文化教育方面提出不少改革建议，包括拟定宪法、开制度局、禁止妇女缠足、裁冗官、置散卿、废漕运、撤厘金、裁绿营、放旗兵、废八股取士、改书院、废淫祠等。此外，改革还要求保护工商业，给予中国资本主义适当发展。

戊戌变法期间，清政府内部新、旧两派势力的斗争异常尖锐，例如在废除八股文的上书上，后党（慈禧太后党羽）一派就多方阻挠，公开宣称视康有为如仇敌，并诽谤康有为，说其蛊惑人心，混淆是非。针对这种政治攻讦，康有为和御史宋伯鲁、杨深秀等予以反击。但是，后党掌握了当时清政府的军事政治实权，而光绪皇帝却只有起草上谕权。七月中旬，后党秘密策划政变，企图推翻新政。

光绪皇帝有所察觉，先后发出两次“密诏”，并明谕康有为“迅速前往上海，毋得迁延观望”。当时，日本前首相伊藤博文正好造访中国。英国传教士李提摩太向康有为建议，聘请伊藤为变法顾问，甚至付以事权。伊藤抵华后，以康有为为首的变法派纷纷上书请求重用伊藤。这引起后党的警惕，他们向慈禧太后密奏，说如果重用伊藤，那么祖宗的天下将会拱手让给别人。这些言论促使慈禧太后由颐和园回到紫禁城，目的便是了解光绪皇帝对伊藤的看法。

此时，伊藤与李提摩太又向康有为提议建立所谓的“中美英日合邦”。在康有为的授意下，杨深秀于八月初五、宋伯鲁于八月初六分别向光绪皇帝呈奏此事。在后党看来，这种做法无疑是将中国的军事、财税、外交大权，拱手交付外人。慈禧太后返回紫禁城获知此事后，立即决定发动政变，重新训政，这结束了戊戌变法。随即光绪皇帝被软禁，维新派遭四处捕杀，谭嗣同、康广仁、林旭、杨深秀、杨锐、刘光第在北京惨遭杀害，史称“戊戌六君子”。而康有为、梁启超则逃往海外。

三、保皇、立宪与创孔教

义和团运动之后，推翻清王朝，建立共和政府的革命热情日趋高涨。连康门弟子梁启超、欧榘甲都有所动摇，康氏很是焦虑，连函切责，发出《答同学诸子梁启超等论印度亡国由于各省自立书》和《答南北美洲诸华侨论中国只可行立宪不可行革命书》两篇文章，对梁启超等“摇于形势”，“妄倡十八省分立之说”予以驳斥，主张“今令以举国之力，日以击荣禄请归政为事，则既倒政府之后，皇上复辟，即定变法变新政而自强，是则与日本同轨而可望治效耳”。如果“移而攻满洲，是师法印人之悖蒙古而自立耳，则其收效亦与印度同矣”。康有为认为革命自立是“求速灭亡”，而立宪可以避免“革命之惨”，他因此再三布告同志，不准各埠再言革命，希望同志能以保皇为重，笃守忠义，切勿反叛游离。康有为之所以反对革命，一方面是有感于光绪皇帝的知遇之恩，另一方面则是担心革命致各省独立会加快西方列强对中国国土的瓜分，加速国家覆灭。

迫于日益加大的革命压力，光绪三十二年（1906年）七月十三日，清政府颁布“上谕”宣布预备立宪。正在欧洲漫游的康有为听到此消息之后喜出望外，发出《布告百七十余埠会众丁未新年元旦举大庆典告藏，保皇会改为国民宪政会文》，准备于丁未新年元旦行大庆典，宣布成立国民宪政会，宣称“向日之诚，戴君如昔”，“开天之幕，政党我先”，希望重温君主立宪的宪政梦。光绪三十三年（1907年）二月初十，保皇党人在纽约召开大会，康有为从欧洲赶来，正式将保皇会定名为帝国宪政会，对外则宣称中华帝国宪政会，坚守戊戌旧说。帝国宪政会成立后，康有为企图回国从事政治活动未果，于是便差使梁启超等人与清皇室贵族、国内立宪派代表联系，又借用侨商名义写了请愿书，请求召开国会并制定国家宪法。光绪三十四年（1908年）八月初一，清政府宣布自本年起的第九年（1916年）召开国会，并将于下月颁布《钦定宪法大纲》。《钦定宪法大纲》的颁布，实际上只不过是清政府暂缓立宪的策略罢了，对此早已洞若观火的革命派采取了坚决反对的立场，而以康有为为代表的保皇派则表示拥护。《钦定宪法大纲》颁布不到两个月，光绪帝就驾崩了。囿于当时的国内外情势，以及有志于革新的光绪皇帝并无实权，无论其初心如何，康有为等人企图在中国实行类似英国、日本那样的君主立宪制度最终只能成为一出闹剧而不了了之。

康有为书法

辛亥革命后，康有为在民国二年（1913年）因母丧归国。守丧之后，他离开家乡，移居上海，创办《不忍》杂志，主张“以孔子为国教，配享天坛”。实际上，早在1912年7月30日，康有为就向他的学生陈焕章提出在国内成立孔教会的设想。10月7日，即当年的旧历八月二十七日孔子诞辰，孔教会在上海成立，陈焕章、沈曾植、梁鼎芬、陈三立等为发起人，会长则虚位以待。12月23日，北京政府教育部批准了孔教会立案。1913年2月，孔教会的机关刊物、陈焕章任主编的《孔教会杂志》在上海创刊。7月18日孔教会事务所于西城太仆寺街衍圣公府内成立，同时孔教会联合其他尊孔势力对全国施加压力，力求在即将起草的宪法中明确规定孔教为国教。虽然此目的最终未达，但在国会1913年10月31日通过的《天坛宪法草案》第十九条第二项中却有“国民教育以孔子之道为修身之大本”的条文，这可算是孔教会当初之努力的某种胜利。1913年9月24日至30日，孔教第一次全国代表大会在山东曲阜召开，会议决定将上海暂设之总会迁入北京。11月23日，已迁入北京的孔教总会推举康有为为总会会长，请其来京主持。时在香港的康有为复电接受。

袁世凯提倡尊孔，目的是为自己的独裁统治提供合法性，其只允许尊孔者为他“抬轿子”，而绝不允许任何人借此独树一帜。因此，他自然不会允许孔教会发展壮大，在康有为出任总会长之际，孔教会已开始受到打压。1916年袁世凯称帝失败之后，康有为致电大总统黎元洪，希望早日召开正式的国会，后又请求“以孔子为大教，编入宪法，复祀孔子之拜跪明令”，请求总统对国会施加压力。此后，康有为还就此分别致电、致函内务部、国会议员，但无奈于形势，康有为的这些努力最终还是以失败告终。康有为在1917年协助张勋复辟失败后被通缉，无法继续任总会长。于是，当年的孔教大会推举陈焕章为总会长，但是陈坚决推辞，最后议决会长一职暂不设立。陈焕章自此全面接管孔教会，康有为虽然仍宣传孔教，却未再插手孔教会事务。

康有为有意将西方思想中自由、平等、博爱等内容注入传统儒家，经过转化，康氏所倡导的孔教之思想主要包括以下三个方面的内容。第一，人道主义。“孔子者，以人道为教。”（《康有为政论集》）因为“太古草昧尚鬼，则神教为尊，近世文明重人，则人道为重，故人道之教，实从神道而更进焉”（《康有为政论集》）。他认为孔教中天然包含有人道的成分，主张孔教应该摆脱政治的束缚，发挥儒家“养性事天，学道爱人，忠信笃敬……礼义廉耻”的思想，纯粹扮演社会教化的角色。第二，平等的政治原则。“今孔子有平世大同之道，以治共和之世”（《康有为政论集》），“天下为公，选贤与能”，经康有为改造了的孔教，结合了中国国情，借鉴了西方近代民主制度，否定了君主专制。第三，重塑民族精神。康有为认为“中国之魂”或民族精神源自于“天人合一”的人生境界和宇宙图像，“孔子之道，以人为天所生，故尊天以明万物皆一体之仁，又以人为父母所生，故敬祖以祠墓著传体之孝，若基督只明尊天而敬祖阙焉”（《康有为政论集》），尊天与敬祖并重，表现了中华民族对自然界的深沉认同感。康有为借助西方近代观念将“天人合一”的认同感引导至人对自然的认知与探索上。经过康有为解释的民族精神，已经超越了世俗人事，千百年来已“化于民俗，入于人心”，构成了人们“奉以行止，死生以之”的独特价值系统。

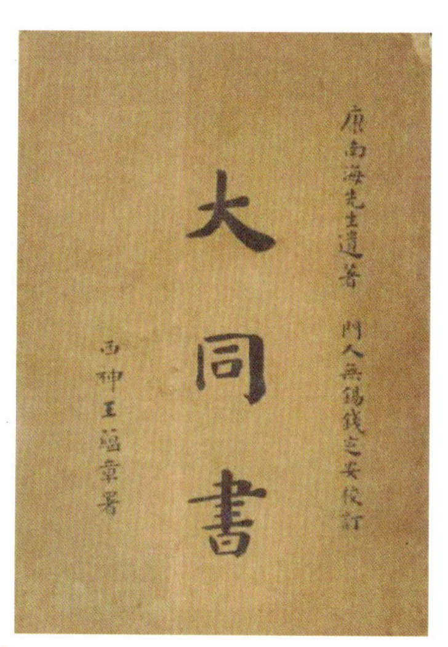

《大同书》书影

康有为在学术思想上宣传孔教思想，主要是他认为当时的革命派将革命看得过于简单，在发动革命的同时，没有提出适合中国国情的一整套政治、文化上的改革方略。他们只重视“破”而忽视了“立”的工作。革去身体的命容易，但是重塑精神的命太难，因此，康有为希望引入西方的思想资源来改造传统的儒家文化，以此来启迪民智。所以，康有为倡导孔教，绝不像后来新文化运动中陈独秀等人所抨击的那样，认为其是思想上的“复辟”，毋宁说，康有为是以旧瓶来装新酒，其用心不可不察。

四、世界大同的理想

康有为一生笔耕不辍。其著作中的奏折、政论，尤其是一些倡导改革的文章，对我们深入了解他的经历很有帮助。还有一部分著作比较偏向于思想性，具有一定的学术价值，除了《孟子微》《论语注》《物质救国论》等外，影响最大的当属他的《大同书》。从《礼记·礼运》的大同世界到宋明儒学的“万物一体”观念，“大同”的理念一直是儒家的思想传统，康有为只不过是把西方世界的一些思想观念以及科学知识、佛学资源糅合进传统儒家的“大同世界”理念中。

《大同书》全书共有30卷，二十一万字（今本），分10部。具体为：甲部，《入世界观众苦》；乙部，《去国界合大地》；丙部，《去级界平民族》；丁部，《去种界同人类》；戊部，《去形界保独立》；己部，《去家界为天民》；庚部，《去产界公生业》；辛部，《去乱界治太平》；壬部，《去类界爱众生》；癸部，《去苦界至极乐》。

《大同书》以揭示世间痛苦开篇，借用了作为佛教基本教义之一的“苦谛说”描述“据乱世”社会的基本特征。佛教认为现世是痛苦的，人生充满着苦，即“苦谛”。康有为分析说：

> 总诸苦之根源皆因九界而已。九界者何？一曰国界，分疆土、部落也；二曰级界，分贵、贱、清、浊也；三曰种界，分黄、白、棕、黑也；四曰形界，分男、女也；五曰家界，私父子、夫妇、兄

> 弟之亲也；六曰业界，私农、工、商之产也；七曰乱界，有不平、不通、不同、不公之法也；八曰类界，有人与鸟、兽、虫、鱼之别也；九曰苦界，以苦生苦，传种无穷无尽，不可思议。

由此来看，康有为认为世间一切争斗所造成的苦难，皆来源于“有界限”“有分别”。在一个丛林世界，人们并不会安于去守住内心自在自得的满足感，相反却总想着去守住或转化将你我区隔开来的“别”，位高者、强者总想去守住自己与众不同的权位，而位卑者、弱者则总想通过斗争来改变自己的处境。因此，斗争不可避免，无处不在。对此，康有为的思路很简单，既然有界有别，那么只要破除这种界和别，人类社会便能和平相处。值得注意的是，当去评判康有为某些历史时刻的政治选择时，若我们能从他整体的思想主张出发，或许便能对他给予一些同情的理解。例如，对于他在戊戌变法期间采纳伊藤的建议，搞所谓“中美英日”四国合邦的事件，我们可以认为康有为是怀揣着一个知识分子对未来世界的美好幻想，而不是要出卖国家主权。因为在他看来，理想世界最终是要取消国家之间的界限而走向大同的。

康有为的一生是精彩而充满争议的，特别是在他后来保皇立宪，参与张勋复辟时，“复辟派”“保皇派”“保守派”等帽子同时扣在他身上，使其遭到各种误解与谩骂，这也让他在孤独中走完了自己的生命之旅。但无论如何，康有为确实通过鼓动变法、组织学会、办报出书推动了中国近代群众性思想启蒙运动之发展，并因此在中国近代之思潮中起到了引领风气的作用。

第四节　梁启超：维新旗手，新民巨擘

1897年初，张之洞在武昌迎来了一个年轻的广东人。

梁启超

张之洞当时是大清帝国洋务派的实际领袖，握有一方军队和数个近代化工厂企业，办有各类学堂，还懂一点西学，在清廷官僚中是颇有影响的人物。

但一听到二十四岁的广东人梁启超来访，这个大人物还是极为兴奋，破例打开武昌城门来迎接，还问下属能不能按接待钦差大臣的规格鸣炮以示尊重。下属跟他强调，梁启超只是一个小举人，这样隆重地去接待有点小题大做，张之洞这才不提鸣炮之事。

那天，张之洞的侄子恰好结婚，但张之洞抛下宾客，把梁启超迎进密室，两人长谈到了深夜。张之洞知

道这个年轻人有着远大的抱负，将来必是改变国家与时代的大人物，于是盛邀他出任两湖书院院长。

不过，梁启超谢绝了张之洞的好意。他的天地，何止于两湖?

仅仅一年后，他就在北京闯出了一片天地，而这足以使他名垂青史。

一、早年的求学生涯

梁启超（1873—1929），广东新会人，字卓如，一字任甫，号任公，别号饮冰子、饮冰室主人。中国近代著名的思想家、政治家和学者。

同治十二年（1873年）正月二十六日，梁启超出生在广东新会茶坑村。祖父梁维清，父亲梁宝瑛，都以士绅身份参与过乡政，在当地有一定的声望。

梁启超少年得志，聪明好学，反应敏捷，有“神童”之称。四岁开始居家读书，跟随祖父识字，五岁便在祖父与母亲指点下读起儒家经典“四书”与《诗经》，六岁跟随父亲读中国略史，八岁学作文。

1882年，梁启超年仅十岁，就去广州应童子试，这次考试虽然没有得中，却让他增长了见识，尤其是在省城读到张之洞写的《輶轩语》和《书目答问》两本书后，他知道学问的天地是没有止境的。两年之后，梁启超第二次去广州参加府试便如愿以偿，考中秀才，实现了他父亲一生都没能实现的愿望。考中秀才以后，按照当时的制度就具备了赴官立学校深造的资格。1887年，梁启超进入广州著名的学海堂读书。

学海堂不像其他书院一样研习八股，书院所教的学问是考据学、经史、辞章之学以及理学。正是在这里，梁启超系统地接受了辞章训诂和典章制度方面的知识，对汉学产生了浓厚兴趣，这为他后来的学习打下了扎实的基础。

经过三年的苦读，1889年的广州乡试，梁启超一举得中，名列第八。考中举人自然给梁启超和他的家人带来喜悦和荣耀，但也带来意外之喜。由于乡试主考李端棻对梁启超的才气印象深刻，便委托副考官做媒，将自己的堂妹李蕙仙许配给梁启超。

1890年8月，进京赴考落第的梁启超回到学海堂，听到同学陈千秋介绍康有为的思想，颇受吸引，于是前往康有为住所拜见，见到康有为，梁启超大有相见恨晚的感觉，随后便决定改换门庭，退出学海堂，以举人的身份拜在康有为门下学习。

1891年春，在梁启超和陈千秋的建议下，康有为租赁长兴里邱氏书室，正式设教授徒。一年后，求学者与日俱增，康有为不得不迁讲堂于卫边街邝氏祠。1893年冬，康有为再迁校于广府学宫文昌殿后的仰高祠。而后，康有为正式将学堂命名为“万木草堂”。梁启超还曾做过万木草堂的学长，他不但参与了老师《新学伪经考》《孔子改制考》等书的编写工作，而且与陈千秋一起最早读到了康有为当时还秘不示人的《大同书》。

1893年冬，梁启超还与万木草堂的另一位学子韩文举一起到东莞讲学，宣传康有为的今文经学，阐释“大同”义理，使东莞学生们的思想为之一新。在万木草堂学习期间，梁启超如饥似渴、系统地接受了康有为的整套改革思想，与老师、同学们结下深厚的情谊。这一段经历对他后来的人生轨迹影响非常深远，正是从这里出发，梁启超从一个一心只读圣贤书的儒生转变成为一个忧国忧民、立志救国的热血青年。在康有为这位近代改良主义者的教育与启蒙之下，梁启超走上了一条艰难曲折的新民之路。

1892年，梁启超在给张之洞的门人汪康年的信中提到自己常与同志讨论时势，探索如何改变中国积贫积弱的面貌。在梁启超看来，救弊起衰之举首要在振兴铁路。只有铁路大兴，国人才能拓展眼界，一改孤陋寡闻、抱残守缺的故态，而民智一旦启迪，风气自然大开，国事便徐徐可图。此外，梁启超还反对先修建军用铁路，而主张优先修建民用铁路，以改善民生，发展经济。梁启超将发展铁路与振奋民风相结合之做法，与洋务派单纯将实业集中在军用领域相比，显然更符合当时的实际。

二、大力宣传变法

但是梁启超在政治上真正引人注目，是从1894年甲午海战之后开始的，他开始在实际的政治活动中崭露头角，成为维新派各种政治活动的重要组织者。

1895年4月，中日签订《马关条约》，规定中国割让台湾岛及其附属各岛屿、澎湖列岛、辽东半岛，赔款2亿两白银。丧权辱国的消息使举国上下群情激愤，这导致了发生于北京的“公车上书”事件。带头上书的便是梁启超发动的80多个广东举人。紧接着他和其他一些人又奔走联络十八省举人联名上书，公推康有为起草奏章，康有为奋笔疾书一昼两夜，提出了拒和、迁都、变法等各项主张。虽然当时清朝当局拒绝接受他们的上书，但是记载上书经过和奏章内容的《公车上书记》却不胫而走，造成了不容忽视的影响。

此外，他还是维新派舆论宣传的主要负责人。1895年他负责主办强学会的《中外纪闻》。后来强学会和这份报纸相继被封，他又与黄遵宪、汪康年等人利用强学会的余款在上海创办了《时务报》，并担任了这份报纸的总编撰。在这群有志于维新事业的知识分子的共同努力下，这个旬刊的发行量达一万多份，《时务报》成了影响最大的维新派喉舌，而梁启超本人也成为当时思想界引人注目的新星。

当时，当局保守派是反对任何变革的。梁启超对他们痛加训斥，指出，“变者，天下之公理也”，天地之间其实没有不变的事物。宣称守祖宗之法的保守派，既不懂得包括清朝在内的任何朝代从来就没有历久不变的法度，更没有认识到中国当时已经面临非变不可的局势。

对于洋务派，梁启超则批评他们完全不懂得变法的根本所在。因为洋务派的所谓“自强”，很大程度上是只看到洋人的“船坚炮利”，因而耗费国家大量资金去练兵和办军火工业，而对于本国的工商业，则极尽剥削压制之能事，更重要的是，他们认为不能对君主制度有丝毫改动。这是注定失败的，甲午海战已证明了这条路线的破产。

写作时的梁启超

梁启超笔下的救国维新方案与洋务派相当不同，包括如下的主要内容：

（一）全面促进农工商和交通事业的发展，废除厘金一类的障碍；

（二）废科举，兴学校，全面改革培育和选拔人才的方法；

（三）建立法制，借鉴欧美和日本的宪法、民法、商法、刑法，制定和修改中国的宪法和其他各种法律；

（四）改革官制，裁减冗员，起用新人；

（五）实行“君民共主”，改变人民无权的状况；

（六）广泛设立报馆，广泛翻译西书，介绍西方学说和近况，宣传新政，开通民智，监督政府。

这个方案要求改革封建政治制度，调整政权结构，从政治、经济、法律、文化和教育等方面采取有力措施来促进资本主义的发展。方案的实质是要变中国的君主专制为立宪制度。它同洋务派企图维护帝制专政的政策在本质上是不同的。

三、反对暴力革命

1898年，在拜见张之洞一年多后，梁启超和他的老师康有为等人，在北京参与了光绪帝发起的戊戌变法。

尽管变法仅持续了3个多月就宣告失败，但梁启超却声名大振。“康梁”之名，在全国不胫而走，付出的代价也很大：梁启超在变法失败后，开始了长达十几年的海外流亡生涯，故国归不得。

从戊戌变法以后直至民国元年（1912年）回国时为止，梁启超的大部分流亡生活是在日本度过的。失败并没有使他消沉下去，反而促使他在1898年至1903年期间，在政治上同革命派更加接近。

在戊戌变法以前，以康、梁为首的维新派就与以孙中山为代表的革命派有过联系。政变和清廷的镇压使维新派增强了反抗意志，这就使他们同革命派有了更多的共同语言。两派曾经多次商谈合作问题。

梁启超在那几年间同孙中山等人过从甚密，两派甚至酝酿着组成一个革命团体，由孙中山出任会长，梁启超为副会长。后来这件事因包括宗派分歧等在内的种种原因而没有实现。

这个时期的梁启超在政治思想上仍然是激进与保守共存。他对清廷还存有一定的幻想，主观上力图避免革命，因而思想言论中存在着深刻的内在矛盾。

令人感到惋惜的是，光绪二十九年（1903年）以后的梁启超没有与时俱进，而是走上了一条崎岖曲折的道路。光绪二十九年正月至十月，他应美洲各地保皇会之邀到加拿大、美国等地游历，旨在募款和推动各地会务。此行结束回到日本后，他接连发表了《答飞生》《答和事人》《论俄罗斯虚无党》《中国历史上革命之研究》等文章，明确表示反对暴力革命。

梁启超为什么完全转向反对革命呢？最根本的一条是他认为中国的民智、民德、民力低下，革命不但不能成功，反会招来无穷祸害。

梁启超踌躇不前的另一重要原因是不能摆脱师友关

木刻版画《巴黎和会》

系的羁绊。戊戌变法后，康有为的思想停滞不前，越来越跟不上时代发展潮流，梁启超曾与他发生多次争论。但是，梁启超本身也有软弱的一面。这既表现在他从来没有同不彻底的改革主张决裂，也表现在他不敢同政治思想保守的老师彻底决裂。梁启超知道，保皇派的政治主张不过是虚无缥缈的空中楼阁，可是，传统的儒家教育使他不敢冲破这层师生关系。辛亥革命后，他又曾依附袁世凯和段祺瑞等北洋军阀。梁启超这些表现无非是那个时代爱国知识分子所共有的迷茫彷徨，不过，为国家谋求独立自强的出路这一信念，始终在他胸中燃烧不熄，这使他在一些重大的事件中发出了耀眼的光芒。

一个突出表现就是，他在巴黎和会中坚持了民族大义，反对日本帝国主义的侵略，反对北洋军阀政府的卖国政策。1919年，他正在欧洲游历考察，正逢巴黎和会召开，因此受聘为中国代表团顾问。他颇想有所作为，曾运用其个人声望，分别同美国总统威尔逊和英法代表会谈。当他看到通常的外交活动无法维护中国的权益时，便四处奔走，设法求助于舆论的支持。

1919年3月，他得悉北京政府欣然同意日本提出的密约后，便致电在政府中任总长的朋友汪伯棠和林长民进行劝诫，而当了解到中国外交失败的局面已无可挽回时，他再次急电国内，请求政府与国民切勿在和约上签名。后来的“五四运动”的爆发，很难说梁启超没有起到一定的作用。

四、政治主张及学术贡献

除了在具体政治实践中有重要影响外，在学术思想领域，梁启超则是中国近代第一次思想解放运动的启蒙先驱。也许，梁启超在实际的政治生涯中是一个进步而偏于软弱的改革者形象，但是在学术思想领域，他却是叱咤风云的启蒙先驱，他用饱含深情且深刻尖锐的笔锋，划破了蒙昧的文化夜空，奏响了启蒙嘹亮的号角。

在目睹了自上而下的改革之路被堵塞后，梁启超痛定思痛，认识到要改造中国，还是要从教育人民做起，补上启蒙的课。而海外较为自由宽松的政治环境，以及他本人学识的不断长进，也使他的宣传更有生机。

在这一时期的启蒙宣传中，梁启超已开始关注中国人的国民性问题。

他曾发表《中国积弱溯源论》一文，认为中国人的奴性、愚昧、好伪、为我、怯懦、无动等心理和行为习惯是造成中国贫弱的重要原因。

在《呵旁观者文》中，他对国内形形色色的“旁观者”予以猛烈抨击，指出旁观者的流派很多，有浑沌派、为我派、呜呼派、笑骂派、暴弃派、待时派，他们的共同特征是“无血性”“放弃责任”，天底下最可憎可鄙的就是那些旁观者。

在《十种德性相反相成义》中，他提出独立与合群、自由与制裁、自信与虚心、利己与爱他、破坏与成立10种德性，并认为这10种德性是生活在现时代的中国人必须具备的。

而在那篇著名的《少年中国说》一文中，梁启超则以热情洋溢的语言，呼吁中国的年轻一代力戒衰颓之气，努力创造一个青春活泼的少年中国。他的这一呼吁在当时的思想界鼓荡起强烈共鸣，自此之后，“少年中国”一词便常常出现在20世纪初期的报纸、杂志上。

1902年2月梁启超创办《新民丛报》，这意味着他的启蒙宣传进入一个新的阶段。从这年开始，他放弃前一时期的保皇言论，将精力全放在启发民智的工作上，

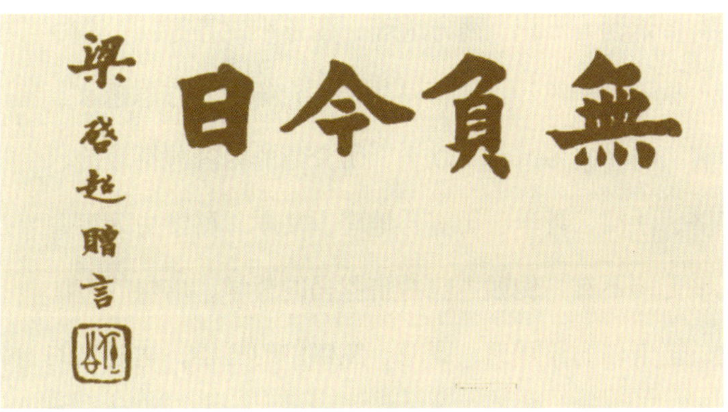

梁启超墨迹

宣布本报的宗旨即是“取大学新民之义，以为欲维新吾国，当先维新吾民。中国所以不振，由于国民公德缺乏，智慧不开，故本报专对此病而药治之。务采合中西道德以为德育之方针，广罗政学理论以为智育之本原”。为表示这一决心，还将自己的笔名改为“中国之新民”。

围绕“新民”这一思想，梁启超以前所未有的热情介绍西方的思想文化、历史地理。1902年，《新民丛报》一共刊登了80幅卷首插图，其中属于介绍西方国家景观和人物的，就占了75幅之多。在这一年里，梁启超发表的专门介绍西人学说的文章就有《亚里斯多德之政治学说》《进化论革命者颉德之学说》《乐利主义者泰斗边沁之学说》《法理学大家孟德斯鸠之学说》《天演学初祖达尔文之学说及其传略》《近世文明初祖二大家之学说》《论泰西学术思想变迁之大势》等多篇。此外还有多篇西人传记、西方地理、西方小说等等。

据不完全统计，《新民丛报》介绍的西方思想家、学者、科学家多达百人以上，所介绍的内容包括政治、经济、法律、哲学、历史、地理、文学、科学史等等，几乎无所不有。例如古代希腊罗马的哲学，培根的方法论，笛卡尔的怀疑论，康德、黑格尔的哲学，达尔文的进化论，约翰·密尔的自由论，亚当·斯密与大卫·李嘉图的经济学说，圣西门与傅立叶的空想社会主义，直至马克思学说，梁启超都作过深浅不同、详略不等的介绍。

他还在报中开设《新知识之杂货店》《绍介新著》《海外汇报》《海外奇谈》等栏目，专门介绍国外新知识、新书刊、新消息。

像他那样大规模介绍西方思想文化，这在20世纪初的中国思想界可以说绝无仅有。

作为这一时期思想启蒙宣传的重要人物之一，梁启超还在改造旧学方面开创新局面，如他曾大力鼓吹学界革命、史学革命、文学革命。

在学术思想领域，梁启超大力反对学术专制，他在《新民丛报》上连刊的《论中国学术思想变迁之大势》一文，洋洋七万余言，撇开纲常名教思想和儒家的正统观念，打破学派门户之见，对先秦诸子学、佛学及清代学术思想的发展演变及长短得失作了概括的论述和客观的评价，并注意到学术思想的演变与社会发展的联系，以及各派学术之间的相互影响乃至中外文化交流，成为中国近代学术研究史上此类研究的开山之作。

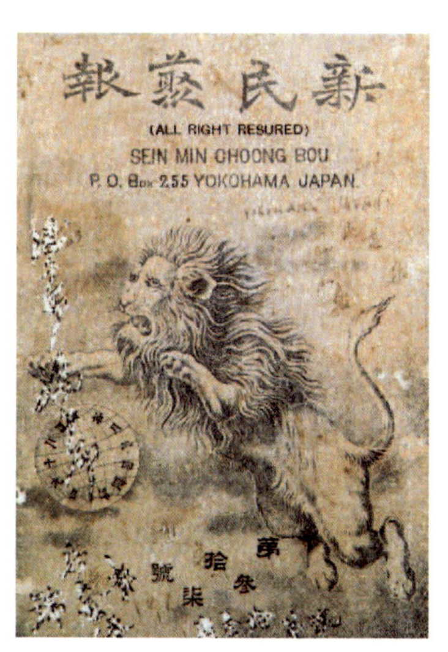

《新民丛报》

在史学领域，梁启超自《新民丛报》创刊号起，就连刊他的《新史学》一文，他认为史学是学问中最博大而最切要者，是“国民之明镜”“爱国心之源泉”，与国家民族的发达最有关系。但中国以往的史著却存在诸多弊端，譬如只知有朝廷而不知有国家，只知有个人而不知有群体，只知有陈迹而不知有今务，只知有事实而不知有理想，这些弊端将中国的史书弄得难读难解，不易使人产生感动。

对于自己的史学观点，梁启超身体力行，当时便用新的史学观念与方法撰写出多种专题史和人物传记，如《中国专制政治进化史论》《中国之武士道》《中国法理学发达史论》《论中国成文法编制之沿革得失》《中国国债史》《生计学学说沿革小史》《格致学沿革考略》《中国殖民八大伟人传》《管子传》《王荆公》《中国四十年来大事记》，外国史传如《雅典小史》《斯巴达小志》《波兰灭亡记》《朝鲜亡国史略》《越南亡国史》《新英国巨人克林威尔传》等，为新史学的建立，做了披荆斩棘的工作。

梁启超还是新文学的倡导者。1898年，在《清议报》创刊号发表的《译印政治小说序》里，他对中国旧小说作了总体批判，提倡翻译“外国名儒所撰述，而有关切于今日中国时局”的“政治小说”。1902年《新民丛报》创刊后，他从第二期起就专辟《小说》一栏，长年连载《十五小豪杰》《新罗马传奇》《殖民伟绩》等文艺译作和原作。1902年一年里，《新民丛报》共刊登了6篇小说，其中5篇是以西方国家的人物故事为题材，内容都是关于那些国家历史上的仁人志士和青少年为国家、为民族、为追求自由和平等而不怕牺牲、顽强奋斗的英雄事迹。

在提倡小说界革命的同时，梁启超还和黄遵宪、夏曾佑等一道发起“诗界革命”，批评中国的旧诗歌毫无新意，陈陈相因，脱离时代。因此，梁启超和他的同事们一道创作新体诗，为诗界革命开路，提出新体诗的创作一要有“新意境”，二要有“新语句”，三要有“古风格”。尽管他们在新体诗的创作上还不十分成熟，但其却带动了年轻一代知识分子学作新体诗的风气，并因此成为当时后进学子心中的风标。

梁启超在许多领域都投下了巨大的身影，这在整个近代中国史上也是罕见的。在政治史上，他既是变法维新运动的新星、护国战争的灵魂，又是保皇会的主要人物。他主编过许多著名报刊，留下一千多万字的皇皇巨作，在文学、史学、伦理学、经济学和政治学等园地中，皆留下他辛勤垦荒的劳绩。更可贵的是，他终身精神抖擞，始终保持着一种健康积极的人生态度，无论环境怎样，都能不忧不惧，好学精进，这对于今天的我们仍然具有勉励作用。

孙中山

第五节　孙中山：革命先驱，民主共和

清光绪九年（1883年）秋，十七岁的少年孙文，带着陆皓东、陆灿等几个好友，来到村里的北极殿。他们准备干一件大事。

北极殿始建于清康熙年间（1662—1722），是翠亨村的村庙，村民视之如同祖庙。殿中供奉的北帝、金花夫人、天后娘娘等神像，是广东珠三角地区信仰最普遍的神祇。

孙文进入北极殿，村里几个老人恰好在给神像磕头，祈求减少病痛。他对老人们说，神像是木偶泥塑，是无知的东西，怎么能给你们治病呢？

说完，他和同伴跳上供桌，用力击毁了神像。神像内部用于填充的稻草和泥巴，露了出来。孙文指着破碎的神像，继续说，你们看，他有多大的本领，连自己的身体都保不住。

不出一个时辰，孙文带头破坏神像的事，就在村里引起了大震荡。乡绅们怒气冲冲地找到孙文的父亲孙达成，要他代儿子到北极殿烧香赔罪，修复神像，并要求他把这个大逆不道的儿子赶出翠亨村。

村民们也许不知道，多年以后，这个被他们赶出故乡的少年，干出了更大的事。这下不是轰动全村，而是震惊全国。

一、早期的艰苦探索

孙文（1866—1925），号明德，后因逃亡日本，改名中山樵，遂以“中山”称于世。

1866年11月12日，孙中山出生在广东香山县（今中山市）翠亨村一个农民家庭。父亲孙达成年轻时曾在澳门当裁缝和鞋匠，后返乡佃耕，兼做村里的更夫，家境十分清贫。孙中山到了十岁才开始进入村塾读书。1878年，哥哥孙眉到美国茂宜岛垦荒、经营牧场和商店后，家境慢慢好转。这年5月，孙中山伴随母亲到檀香山，开始接触到资本主义社会，产生了“慕西学之心，穷天地之想”（《复翟理斯函》，《孙中山全集》）。

檀香山不仅是孙中山最早学习西方文化的地方，也是后来建立中国资产阶级革命团体兴中会的基地。1883年7月，他从檀香山回归故乡，在村里推动政治和社会风俗的改革，如开展扫盲，捣毁神庙。如前所述，他因为和童年好友陆皓东等人捣毁村里“北极殿”的神像，为乡绅所不容，被迫离开家乡到香港求学。他先进入拔萃书院，后来又转入域多利书院。哥哥孙眉得知他在家里惹事，就电令他到檀香山，安排到茄荷蕾埠自己开设的商店当店员，但不久他便和哥哥闹翻，几个月后在传教士兰谛文及同学的资助下，回归中山。

1885年孙中山再到香港复学，第二年在中央书院毕业后，考入广州博济医院附设的南华医学堂。1887年转入香港议政局议员何启等创办的西医书院，并以优异的成绩毕业。

孙中山在学习期间，除了读书之外，还十分关心政治，特别是接受了自然科学的熏陶。此外，他还结识了后来被清廷污蔑为“四大寇”中的陈少白、尤列和杨鹤龄三人。

大学毕业后，孙中山在澳门、广州悬壶行医，然而，处于民族危亡之际，他认为行医并不能救国，而是立志通过政治改革来振兴国家。1893年他提议创立兴中会，但并没有具体组织。次年6月，他同陆皓东北上天津，向当时直隶总督兼北洋大臣李鸿章上书，提出四项建议：

窃尝深维欧洲富强之本，不尽在于船坚炮利，垒固兵强，而在于人能尽其才，地能尽其利，物能尽其用，货能畅其流——此四事者，富强之大经，治国之大本也。

李鸿章根本不予理睬。孙中山企图依赖清政府当局进行政治改革的幻想也破产了，从此他放弃了政治改良而走向革命道路。上书失败后，孙中山再到檀香山，同年11月24日，他创建了革命团体——兴中会，首次提出“驱除鞑虏，恢复中国，创立合众政府”的革命纲领。1895年，他在香港成立兴中会总部，筹备广州武装起义。同年10月，因运械不慎，准备袭击两广总督府的秘密被泄漏，起义流产，孙中山的亲密战友陆皓东在广州殉难。

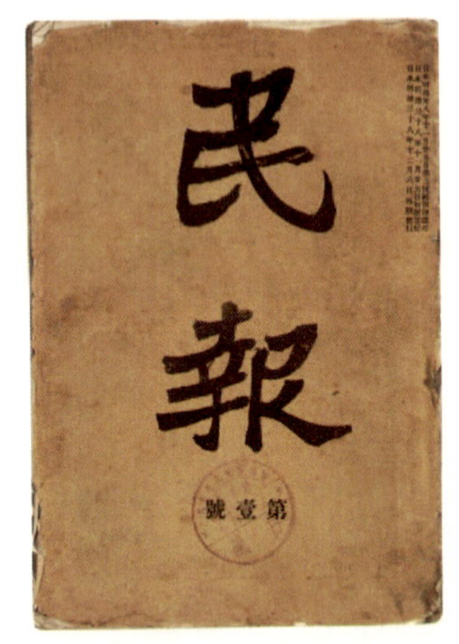

同盟会机关报——《民报》

广州起义虽然失败，孙中山的意志却更为坚定了，他东渡日本，在横滨建立兴中会分部，重点争取华侨及留学生参加革命。1896年他再次到檀香山等地进行革命活动。10月，他从纽约到伦敦考察，被清朝驻英使馆人员绑架，囚禁在使馆中。幸得他在香港读书时的老师康德黎多方营救，他最终才得以脱险。

维新运动失败后，康有为、梁启超逃亡日本，孙中山恰好由英抵日。他曾经派陈少白劝告康、梁“改弦易辙，共同实行革命大业”，希望两派合作反清。但是，康有为拒绝了孙中山的提议，而且组织起保皇党，发表向革命党挑战的《辩革命书》，提出所谓的“借名保皇，实则革命”的政论，以获取海外华侨的支持。

1903年12月，孙中山电告上海的同志，迅速行动起来揭穿保皇派的荒唐。他说：“革命、保皇二事决分两途，如黑白之不能混淆，如东西之不能易位。”

1905年春，在孙中山的发起下，三个革命团体——华兴会、兴中会和光复会决定组织成立中国同盟会。8月20日在东京举行成立大会，通过了会章，推选孙中山为总理并发表《同盟会宣言》，庄严地向全世界人民宣布了革命宗旨：“驱除鞑虏，恢复中华，建立民国，平均地权。”

随后，同盟会又决定创办机关报——《民报》。孙中山在《东京〈民报〉创刊周年大会的演说》一文中阐述同盟会政纲时，正式提出民族、民权、民生的三民主义革命纲领。他认为“民族主义”虽然是要“反满”，但并不是要“尽灭满洲民族”，而是“覆彼政府”，是针对腐朽的清政府当局。而“民权主义”是要推封建专制政体，这是“政治革命的根本”，即使是“汉人为君主，也不能不革命”。这是主张在中国国土上彻底消灭君主专制的民主主义纲领，离开了它，就没有三民主义。最后是“民生主义”，它是指“平均地权”，避免中国在未来再产生“社会革命”，平均地权观念的提出与他年幼在农村生活时的体验观察是分不开的。

中国同盟会的成立和《民报》的创刊，以及孙中山对三民主义的阐发，标志着中国民族资产阶级的觉醒，也标志着孙中山旧的三民主义体系的形成，这就在组织和思想上奠定了辛亥革命的基础。同盟会成立不到一年，会员便迅速发展到一万多人，遍布全国各地区。

同盟会在其成立后曾发起了多次武装起义，虽然都以失败告终，却给了清政府很大的打击。1908年，清政府除了血腥镇压革命党外，还宣布准备立宪。这时候，同盟会内部关系紧张，章太炎等在日本东京恢复光复会总部，宋教仁发起长江流域革命机关，同盟会处于最困难时期。但是，孙中山坚信只要“合大群，集大力”，“内地同胞舍命，海外同胞出财，各尽所长，互相为用，则革命大业之成可指日而定也”（《洪门筹饷局缘起》，《孙中山全集》）。

正是由于执着精神和崇高人格，孙中山获得了知识界和广大人民群众的支持。在之后的黄花岗起义中以身殉国的七十二烈士，有学校教员、学生，有商人、军官，也有工人和农民，如南洋机器工人黄鹤鸣和林凤书，《星洲晨报》印刷工人李文楷，花县农民徐进炲等，由此可见孙中山的感召力非同一般。

二、积极投身革命

1911年10月10日，武昌起义的爆发，一举推翻了清朝两百多年的统治，也结束了中国两千多年的皇权专制，成立了亚洲第一个民主共和国，翻开了我国历史的新篇章。毛泽东在《纪念孙中山先生》一文中说："纪念他在中国民主革命准备时期，以鲜明的中国革命民主派立场，同中国改良派作了尖锐的斗争。他在这一场斗争中是中国革命民主派的旗帜。"

武昌起义时，孙中山正在美国。当得知起义消息时，他决定先到英国去争取西方国家对新政府的承认。他向英国政府提出三项要求："一，止绝清廷一切借款，二，制止日本援助清廷，三，取消各处英属政府之放逐令，以便予取道回国。"（《孙文学

孙中山故居纪念馆外的题字

说》，《孙中山选集》）这三项要求最后都得到英政府的同意，孙中山于是在1911年10月25日返抵上海。

当他抵达上海的时候，有记者问他是否带有巨款来沪供革命军，他回答说：“革命不在金钱，而全在热心。吾此次回国，未带金钱，所带者精神而已。”（《与上海〈大陆报〉主笔的谈话》，《孙中山全集》）12月29日，各省代表在南京举行临时大总统选举会，孙中山以十六票对一票，当选为中华民国第一届临时大总统。

1912年元旦，孙中山在南京就任临时大总统，发布了《临时大总统就职宣言》和《告全国同胞书》，表示要坚决执行三民主义，继续扫除专制流毒，坚持民主共和，为把中国建成一个“合汉、满、蒙、回、藏诸地方为一国”的多民族统一国家而努力奋斗。

由于部分革命党人主张“让权”给袁世凯以换取所谓的“赞成共和”，孙中山受到党内压力，被迫辞去临时大总统的职位，把革命政权让给袁世凯。后来，当袁世凯背叛诺言，企图复辟帝制的阴谋暴露时，孙中山在日本立刻发出《中华革命军大元帅檄》（即第一次《讨袁宣言》），揭露袁氏“祭天祀孔，议及冕旒，司马之心，路人皆见”（《中华革命军大元帅檄》，《孙中山选集》），并指出，“袁贼妄称天威神武之日，即吾民降作奴隶牛马之时，此仁人志士所为仰天椎心，虽肝胆涂疆场、膏血润原野而不辞也”。

1914年，孙中山在日本创立“中华革命党”，在《中华革命党总章》中他提出“以扫除专制政治，建设完全民国为目的”。但由于中华革命党是处于半秘密状况下，因此很难直接领导国内革命。1916年5月，孙中山从日本回到上海，又发表了第二次《讨袁宣言》，他于其中指出：“文虽蛰居海外，而忧国之志未尝少衰。以为袁氏若存，国将不保。……袁氏未去，当与国民共任讨贼之事，袁氏既去，当与国民共荷监督之责，决不肯使谋危民国者复生于国内。”

1916年6月6日，在人民的声讨中，袁氏复辟美梦随着其病逝而破灭了，政权旁落在北洋军阀手里。孙中山指出：“袁世凯虽死，而袁世凯所遗留之制度，不随之俱死。”因此，从1916年开始，他继续开展护法斗争。可以说，自辛亥革命失败后，革命党虽然相继发起了“讨袁”“护法”斗争，但它们最终都失败了，孙中山也因此一度陷入困境。孙中山认识到，除了继续为捍卫共和与民主而作政治斗争外，还必须从理论上让广大革命者和人民统一认识。在随后的短短几年中，他完成了《建国方略》一书。该书包括三个组成部分：《孙文学说》（心理建设）、《实业计划》（物质建设）和《民权初步》（社会建设）。他试图从哲学、经济学和政治学三个方面阐述捍卫和建设民主共和国的理论和计划。

三、新三民主义的提出

中国革命的出路何在？在俄国十月革命的影响和在中国共产党的帮助下，孙中山获得了思想的新生，勇敢而果断地提出了“联俄、联共、扶助农工”三大政策，使其救国理论从旧的三民主义转变为新的三民主义。

孙中山在总结辛亥革命失败的第一个历史经验时，提出了反帝联俄主张。

第一次世界大战期间，在俄国爆发了十月社会主义革命，这给他以深刻的影响，让他看到了社会主义革命给人类带来的希望。他说：“欧洲数年大战的结果，还是不能消灭帝国主义。因为当时的战争，是一国的帝国主义和别国的帝国主义相冲突的战争……所以战争的结果，仍是一个帝国主义打倒别国帝国主义，留下来的还是帝国主义。但是由这一次战争，无意中发生了一个人类中的大希望。这个希望就是俄国革命。”（《民族主义》第四讲，《孙中山选集》）

孙中山与宋庆龄

他虽然不懂得俄国社会主义革命的发生有其客观规律，说其是“无意中发生”的，但是，他对社会主义革命寄予希望的思想，则代表了当时进步人群的呼声。由此而形成的“联俄”思想，绝非偶然，更不是权宜之计。

正如毛泽东所指出的那样：“孙先生以大半辈子

的光阴从西方资产阶级文化中寻找救国真理，结果是失望，转而‘以俄为师’，这是一个偶然的事件吗？显然不是。孙先生和他所代表的苦难的中国人民，一齐被‘西方的影响’所激怒，下决心‘联俄联共’，和帝国主义及其走狗奋斗和拼命，当然不是偶然的。”（《毛泽东选集》第四卷）也正如孙中山在《致蒋介石札》中所明确指出的：“今后之革命，非以俄为师，断无成就。”（《致蒋介石札》，《孙中山选集》）这表明了孙中山反帝国主义思想的坚定，也表明了他的“联俄”是为了谋求世界上第一个无产阶级国家的支援。

孙中山总结辛亥革命失败的第二个历史经验时指出，必须坚决反对革命进程中的“假革命”。而要反对假革命——旧官僚、军阀和政客三种腐朽政治势力，关键在于“重新开始革命事业，以求根本改革”（《救国

广州中山纪念堂

之急务》，《孙中山选集》）。所以，当1921年中国共产党成立时，他就产生了“联共”的思想。

1924年1月，中国国民党第一次全国代表大会在广州召开，孙中山不顾国民党党内右派的反对，毅然改组国民党，允许共产党员和共青团员以个人名义加入中国国民党，这就形成了“联共”的新政策。

那么，他为什么要实行这种新政策呢？在回答宋庆龄时他说：“国民党正在堕落中死亡，因此要救活它，就需要新血液。”（《儒教与现代中国》，《宋庆龄选集》）

孙中山总结辛亥革命失败的第三个教训时提出了“扶助农工”的新政策，他把能否扶助农工看作是革命成败的基础。

首先，他注意到只有解决农民的土地问题，实行“耕者有其田”和“农民大联合”，才能扩大三民主义的政治基础。他说：“革命政府，是想要做成一个人民为主体的国家。农民是我们中国人民之中的最大多数，如果农民不参加革命，就是我们革命没有基础。”“耕者要有其田”，这发展了旧三民主义中平均地权的思想，把生产资料同劳动者直接结合起来，不仅满足了广大农民的物质利益，也将激发农民支持革命的热情。但是，在当时的条件下，这一政策很难实施。

其次，孙中山也重视工人的力量。他认为中国工人

“可以做全国的指导，做国民的先锋”。正因如此，他所领导的革命政府取缔了对工人集会和罢工的限制。例如1921年香港海员工会成立时，孙中山就亲自定其名为“中华海员工业联合总会”。后来，许多工人加入了革命的国民党，支援了北伐战争。正如他在《中国国民党第一次全国代表大会宣言》中说：“国民革命之运动，必恃全国农夫、工人之参加，然后可以决胜，盖无可疑者。”孙中山认为国民革命“即为农夫工人自身而奋斗”。这反映了中国的民主主义革命者对人民群众的同情，同时这也是他的“联共”政策的必然结果。

为了宣传新的三民主义，1924年1月至8月，他先后在广州国立高等师范学校礼堂演讲三民主义，其中民族主义共六讲，民权主义共六讲，而民生主义只讲了四次，也即就衣、食问题进行讲演，至于住、行问题的演讲则由于商团叛乱而中止。

孙中山在阐述民生主义时，提出了著名的“民生史观”：民生问题，“就是人民的生活——社会的生存、国民的生计、群众的生命”。他之所以提出民生问题是因为他认识到当前社会革命的兴起，是由于帝国主义国家“忘记了最紧要的民生问题，到现在全国的权力，都操在少数资本家的手里，只有少数人享幸福，大多数人还是痛苦。因为大多数人不甘受这种痛苦，所以现在才有经济革命——社会革命——的事情”。可见，民生问题的提出，是孙中山在考察欧美社会弊病后积极思考的结果。

那么，如何解决民生问题呢？孙中山认为这不是道德可以解决得了的，而必须通过扎实研究，从经济、生产、分配等实际问题着手解决。首先，从解决人民生活的“吃饭”“穿衣”问题做起。他说：“吃饭是民生的第一个重要问题，穿衣就是民生的第二个重要问题。”他渴望使“全国四万万人都可以得衣食的需要，要四万万人都是丰衣足食”。其次，至于如何解决穿衣吃饭问题，孙中山认为在经济上必须改革生产和分配机制，在政治上必须寻求民族的真正独立。

关于生产问题，孙中山早在1912年4月《在南京同盟会员饯别会的演说》一文中就说：“能开发其生产力则富，不能开发其生产力则贫。”（《在南京同盟会员饯别会的演说》，《孙中山选集》）此后，他进一步认为，农业的出路在于机器。“如果用机器来耕田，生产上至少可以加多一倍，费用可以减轻十倍或百倍。”在工业上，孙中山提出必须把铁路、矿山等纳入国家资本主义。

关于分配问题，孙中山则试图通过“耕者要有其田”和“节制资本”等办法，使西方资本主义社会出现的贫富悬殊现象不再在中国重演。他指出，“农民耕田所得的粮食”，“十分之六是归地主，农民自己所得到的不过十分之四，这是很不公平的”。所以必须做到“耕者有其田”，把“耕得的粮食完全归到农民，农民一定是更高兴去耕田”。他又认为要“减少工人的痛苦”，就要解决大家“面包和吃饭”的问题，所以必须防止大垄断资本对国家经济命脉的控制，实施节制资本的办法。

最后，孙中山强调解决民生问题还必须在政治上废除一切不平等条约，反对帝国主义侵略，建立起繁荣昌盛的新中国。他说：“我们要解决民生问题，如果专从经济范围来着手，一定是解决不通的。要民生问题能解决得通，便要先从政治上来着手，打破一切不平等的条约，收回外人管理的海关，我们才可以自由加税，实行保护政策……本国的工业自然可以发达。”将民生与经济联系起来看，是孙中山对这个问题的深刻洞见。

1925年3月12日，孙中山积劳成疾，病逝于北京铁狮子胡同行馆。他在病危的时刻，依旧念念不忘南北统一、振兴中华的未竟事业，他留下了《国事遗嘱》《致苏联遗书》和《家事遗嘱》。

在《国事遗嘱》中，孙中山谆谆告诫国民，“现在革命尚未成功，同志仍须努力”，并渴望他主张的“召开国民会议”和“废除不平等条约”能在短期内实现。在《致苏联遗书》中，孙中山一再盼望“不久即将破晓，斯时苏联以良友及盟国而欢迎强盛独立之中国，两国在争世界被压迫民族自由之大战中，携手并进以取得胜利”。这两份遗嘱显示出他作为一个革命者的广阔胸襟，他不仅仅希望中华民族自由和独立，同时也希望全世界被压迫的民族共同解放。在《家事遗嘱》中，孙中山要求他的儿女能继承其革命遗志，并声明他“尽瘁国事，不治家产”，将仅有之住屋及书籍衣物，“一切付吾妻宋庆龄”。“不治家产”的遗言，体现出了一个革命者大公无私的伟大人格。

作为近代中国的革命先驱，孙中山先生的一生是赤诚坦荡的。他为近百年来灾难深重的中华民族的独立、民主和解放而奋斗了终身，并缔造了非凡的功绩，在我国历史上留下了不可磨灭的一笔。

后记

2018年10月，笔者自接到太老师冯达文先生的嘱托，就马不停蹄地搜集资料，夜以继日赶稿，终于在短短4个月时间里赶出这本小书。此书主要参考了冯师当年参编的《岭南思想史》一书，在此基础上，笔者结合自己的研究心得及学界的新成果，按编辑王俊辉先生的要求，尽量做到用通俗易懂的语言将岭南先贤的行迹哲思展示在读者面前。这对于从事理学研究的笔者来说，实在是不小的挑战，惟盼无负冯师和王编的信任。

从汉代的“三陈”至近代孙中山为止，本书粗略地展示了近两千年来岭南文明由初肇、光大到近代转型的历程，可算是一本前现代的岭南学术思想小史。岭南先哲济济，当然不止本书所列举的这些人物，本书只能以思想之原创性和文化上之影响力为标准，简择其荦荦大端。

中国先哲的思想是有关生命的学问，与西方思想那种纯粹的形而上思辨风格不同，尤其是岭南诸贤，无论是以超悟著称的惠能、陈白沙，还是讲求经世实务的余靖、崔与之、丘濬，都没有建构完整哲学体系的偏好，而是用身心在践履着所思所学，而且往往是四无依傍，横空出世，用毕生言行去翻转时风，改写中国学术思想文化史。可以说，他们的思想是在自身生命经历中奋蹈出来的，透射出殷殷的现世关切与忧思。他们映照了一个时代，也超越了一个时代。故此，这本小书不仅仅停留在阐述思想观念上，也花了不少篇幅来介绍他们的人生经历，力求更丰满地呈现人物风神，让读者于千百年后仍能领略先贤的生命智慧，并希冀能对读者的现实人生有所启发。

本书之绪论，第三章之陈白沙、湛若水两节及第四章，由郭海鹰博士草拟。第一、二章，第三章部分章节及全书修订统稿，由笔者负责。图片由严艺超、吴润凯、陈嘉顺、李辰、林震宇诸学友提供。此外，王志俊博士也参与了部分章节的订正，特此致谢！

囿于学力，匆冗草就，必有谬漏，文责自负。敬祈方家读者指正。

陈椰

2019年3月

于华南师范大学归园茶舍